甲子園の名参謀

大利 実ほか【著】

竹書房

はじめに

高校野球の主役がグラウンドでプレーする選手たちであることは間違いないが、試合後にテレビカメラの前でインタビューされ、「甲子園通算何勝」と脚光を浴びる監督もまた、紛れもなく一方の主役と言えるだろう。

我々のようなメディアの人間が監督や注目選手への取材を希望する場合、通常は責任教師である野球部部長に取材を申し込む。部長は趣旨を理解し、監督と相談の上、野球部のスケジュールを見ながら取材日、取材時間を調整してくれる。このようなマスコミ対応、部内の事務仕事などをこなしながらチームマネジメントを進めていくのが野球部部長の主な仕事だ。監督と同じようにノックバットを振って、選手たちを鍛え上げるコーチの役割を兼任する人も多い。有力中学生のリクルーティングを野球部部長が担当するケースもある。

高校野球界の「名参謀」と聞くと、渡辺元智監督（当時）とのコンビで神奈川・横浜高の黄金期を築いた小倉清一郎氏を思い浮かべる方が多いのではないだろうか。小倉氏は2014年に横浜高を退職後も各地で中学球児、高校球児を指導している。

日大三・三木有造部長は自ら嫌われ役を厭わず、小倉全由監督以上の厳しさで選手たちを鍛え上げる。聖光学院・横山博英部長はBチームを監督し、斎藤智也監督率いるAチームに人材を送り込む。作新学院・岩嶋敬一部長は、年下であり教え子でもある小針崇宏監督をサポートし古豪復活を成し遂げた。花咲徳栄・村上直心部長は、岩井隆監督と選手たちの間に立ってチーム強化に貢献してきた。群馬・健大高崎高に「機動破壊」をもたらした葛原美峰氏は、現在、三重・海星高を指導する。

全国4000校近い高校で、球児たちが甲子園を目指す。球児、監督一人一人にドラマがあるのと同様、彼らを陰で支える部長・コーチにも、もちろんそれぞれにドラマがある。

本書には甲子園常連校、強豪校の監督を部長・コーチとして支えてきた6人の「名参謀」にご登場いただき、ナンバー2としての生きざまや心得、強豪校のチームマネジメント、メディアへの対応などについて質問を投げかけた。

この作品が高校野球指導者を目指している方々の参考になれば、あるいは高校野球ファンの方々が本書をきっかけに、より一層高校野球への興味を深めていただくことにつながれば、これにまさる喜びはない。

最後に、本書で取材にご協力いただいた小倉清一郎元部長、葛原美峰アドバイザー、岩嶋敬一部長、横山博英部長、三木有造部長、村上直心部長ならびに各校野球部の監督、野球関係者の皆様に、お礼を申し上げたい。

小川誠志

甲子園の名参謀　目次

第2章

岩嶋敬一 作新学院(栃木)部長

古豪復活を果たした外様の参謀

取材・文＝西尾典文

第3章

葛原美峰　海星（三重）アドバイザー

高校野球界の軍師官兵衛

取材・文＝大利実

第4章

横山博英 聖光学院(福島)部長

『哲人』を支える『仕掛け屋』

取材・文=菊地高弘

第5章

村上直心

花咲徳栄（埼玉）部長

常勝軍団を支える縁の下の力持ち

取材・文＝中里浩章

終章

小倉清一郎

横浜（神奈川）元部長

高校球界のレジェンドの今、これから

取材・文＝菊地高弘

第1章

三木有造

日大三（西東京）
部長

小倉全由監督を守るのが自分の仕事

取材・文＝大利実

[プロフィール]

みき・ゆうぞう

1974年5月23日生まれ。和歌山県海南市出身。日大三中－日大三高－東洋大。現役時代は捕手として活躍し、高2秋には都大会4強。東洋大在学中の97年から日大三高の学生コーチに就き、99年から事務職として日大三高に赴任。2001年にはコーチとして夏の全国制覇に貢献。11年5月から部長となり、部長1年目で2度目の夏の全国制覇を果たした。東京都高野連の理事として大会の運営にも携わり、上柚木球場の責任者を務める。

小倉監督の懐刀としてチームを支える部長

担当編集者から、「日大三の三木有造部長の取材をお願いします」と連絡があったとき、「三木さん、取材受けてくれるんですか⁉」と思わず聞き返した。これまでの対応ぶりから、自分のことは語らない人、語りたくない人だと思っていたからだ。

引き受けてくれたことはうれしいのだが、その一方で、取材日が近づくとともに、胃が痛くなってきた。うまく話を聞き出せるか、どこまでエピソードを引き出せるか……、心配しかなかった。三木部長には何度か会ったことがあるが、一度も深い話をしたことがない。正直に書けば、少し距離を感じていた。誰に対しても社交的で優しくて、取材陣からも人気が高い小倉全由監督に比べると、三木部長には「これ以上は近づかないでくださいよ」というピリピリしたオーラを放っているように感じるところがあった。

グラウンドでは、厳しいノックで選手を鍛え上げる鬼ノッカーであり、守備範囲ギリギリのところに低く強いゴロを打つノック技術は全国でも指折りのもの。２０２１年の

5月に47歳になるが、衰えはまったくない。トレーニングに入れば鬼軍曹のように仁王立ちし、激しい言葉で選手を鼓舞。若いころから変わっていないであろう、均整の取れたアスリート体型と、よく日に焼けた顔を見ると、グラウンドで選手とともに戦い続けてきた歳月の長さを感じ取ることができる。

かつて、2010年選抜大会で準優勝を果たしたときのエース・山﨑福也（オリックス）に、三木部長の印象を聞いたことがある。

「三木さんは、表では僕らに優しさを見せないんですけど、陰では一人一人のことをよく考えてくれていて、陰では優しい人です。怒られて、『なんだよ！』と思っているチームメイトもいましたけど、三木さん自身は嫌われ役というか、そういう立場だと分かっています」

あえて嫌味を言うこともあれば、冷たく接することもあるはずだ。それでも、選手から信頼されていることがよく分かる言葉だった。

今回の取材にあたり、三木部長と仲のよい何人かの指導者に「三木さん、どんな人ですか？」とリサーチをかけた。一つでも多くの情報を得て、取材に臨みたかったからだ。すると、面白いことに、誰からも同じような言葉が返ってきた。

「勘違いされやすいタイプですけど、ああ見えて、本当は優しいんですよ。仲良くなると分かります！」

原稿を書いている今、この言葉の意味が心から分かる。取材が終わりに差し掛かったころ、私は三木部長に言った。

「今回のテーマ、『誰も知らない三木有造』でいいですか？」

学生コーチ、コーチ、部長として、三木部長は小倉監督とともに戦ってきた。その間、春夏甲子園に17度出場し、夏の全国制覇2度。〝懐刀〟として監督を支える、三木部長の生きざまに迫った。

自らのミスで逃したセンバツ甲子園

「正直な話をすると、取材断ろうと思っていたんですよ。でも、編集の方から何度か電話をいただいて、これは本気だな、と……。監督に相談してみたところ、『せっかくの機会だから、書いてもらえばいいじゃないか』と言われまして。自分なんて、取り上げてもらえる人間じゃないですよ。いいんですかね、本当に」

　2019年冬、グラウンドのネット裏にある関係者席で始まったインタビューは、三木部長の〝本音〟から始まった。

　――三木さんは取材をほとんど受けていないと思うので、経歴を調べられませんでした。基本的なことから教えてもらってもいいでしょうか。日大三の出身で、キャッチャーで活躍していたことは知っています。

「話すと長くなりますけど、いいですか？　自分は中学から日大三なんです。出身は和歌山の海の方にある海南市で、2級上の兄が智辯和歌山中に通っていました。その兄の友だちのお兄さんが、和歌山から日大三高に行って、高校2年生のときに甲子園に出ているんです。私が小学校5年生のときの話です。その人から、甲子園のグッズや土をもらって、『甲子園を目指すなら、日大三でやった方がいいぞ』と声をかけてもらっていました」

「甲子園」という響きに憧れて、日大三高への想いが一気に強くなった。調べてみると、附属の中学校もある。できるだけ早く、日大三高の門をくぐりたい。父親が単身赴任で東京にいたこともあり、中学受験を決め、入試を突破。母親も一緒に東京に来ることになり、父、母、三木少年の3人で生活することになった。

高校時代は強肩強打のキャッチャー、副主将としてチームの中心的立場だったが、甲子園には出られなかった。今も悔いるのが、高2秋（1991年）の堀越との準決勝だ。勝てば翌春の選抜大会出場がグッと近づく一戦だった。試合はロースコアの接戦となり、守る日大三は9回裏2死三塁のピンチを迎えていた。

「確か、カウントは1ボール1ストライク。ストレートを要求したんですけど、ピッチャーが引っ掛けて、ショートバウンドに。ミットでいけば捕れると思って、手で軽く捕りにいったら、ホームベースの上で跳ねて、ボールはバックネット裏に転がっていきました。それで、サヨナラ負け。その瞬間、立ち上がれなかったですね」

舞台は、2019年秋に幕を閉じた明治神宮第二球場。球場はなくなったが、脳裏にはあのワンシーンがこびりついている。

「やっちゃいましたよ、本当に……」

頭に映像が浮かんでいるのだろう。実感を込めて語った。

「ランナーが三塁にいるのに、ワンバウンドに対する準備をまったくしていなかった。もちろん、ワンバウンドを止める練習はしていましたけど、あの場面でミットだけで捕りにいくということは、心の底から取り組んでいなかったということ。あの時代にツイッターがあれば、『なんで体持っていかねぇんだよ！』と大炎上でしょうね。自分のせいで負けたのに、監督（青木久雄氏）からは何も言われなくて、仲間からも責められず。逆にそれが申し訳なかったですね」

大学は、東都の名門・東洋大学へ。入部してすぐに右肩を痛めたこともあり、思うようにプレーできない日々が続いた。

「大学でも勝負できると思っていたのに、肩を痛めて、『なんで？』という気持ちが強かったですね。1～2年生のときはなかなかうまくいかない。3年生になったときは、メンバーに入れない下級生と練習することが増えて、アドバイスを送ったりしていました。そこで一生懸命に練習してメンバーに入る後輩を見て、こういうのもいいなと思い始めてきたんです。そこから指導者の道を考え始めるようになりました」

リーグ戦には一度も出られなかった。思い描いた通りの大学野球生活は送れなかったが、「次に入る後輩のためにも、辞めることはまったく考えなかった」と話す。当時の高橋昭雄監督からは、今につながる教えを受けた。

「厳しい監督です。一球、ワンプレーに対するプレッシャーが強い。『この一球で人生が変わるんだよ！』という言い方をされていました。この一球が振れないでどうするんだ、この一球を後ろに逸らしてどうするんだ。私自身、指導者になってから、何度も言い続けています」

ワンプレーの悔しさ、大事さを、身をもって体感した学生時代。今、日大三のキャッチャーが後ろに逸らしたら、どんな指導をするのか。

「もちろん、怒ります。どんなボールでも後ろに逸らしてはいけない。自分の失敗談を話しながら、ワンバウンドを止める練習はずっとやっていますから」

自分と同じ失敗だけはしてほしくない。その想いで、厳しく指導している。

衝撃的だった小倉監督との出会い

大学4年生を終えたあと、指導者の道を志し、科目履修生として大学に残ることになった。1997年春のことである。野球部の恩師である日大三中の新井勇治先生（日大三中・日大三高校長）にその報告をすると、「だったら、小倉監督のところへ挨拶《あいさつ》に行くぞ」と、ありがたい言葉をもらった。何かの縁か、同じ年に、小倉監督も関東第一から日大三に移っていたのだ。

新井先生とともに、合宿所の3階にある監督室を訪ねた。日大三の大先輩であり、関東第一の監督として活躍している姿は知っていたが、話したことも、会ったこともない。だから、挨拶だけで終わるものだと思っていた。

「『指導者になるために、これから勉強します』と伝えたら、『だったら、ぜひ手伝ってよ。手伝ってくれるならありがたい、助かるよ』と声をかけてくれたんです。自分は、この言葉が本当にうれしくて、うれしくて。私は小倉監督の教え子ではなく、三高の後輩ということしか関係性がありません。そんな人間に対して、『手伝ってほしい』なんて普通は言えないと思うんです。それがまた、社交辞令ではなくて、本当にそう言っているように感じました。もし、自分が逆の立場だったら、初対面の人間にそこまで言えるのか。『そうなんだ、頑張れよ』で終わるんじゃないかなと思うんです」

大学4年間、なんとか踏ん張ってきたが、すべてを全力でやり切れたかというと、決してそうではないという。「もっとできたんじゃないか」という気持ちも心のどこかにあった。

「大学に行ってからの私は、野球に自信をなくして、人の陰に隠れて、どうやって怒られないようにするかを考えていた人間でした。肩をケガしたことを言い訳にしていました。そんな自分を、監督は受け入れてくれた。もう、感謝しかありません。あの一言がなければ、今の私は間違いなくいません」

科目履修生の修了に合わせ、1999年から日大三の事務職員に採用され、正式に「野球部コーチ」の肩書きがついた。コーチになってからは、グラウンドのすぐ隣にある合宿所に住み続けている。2002年から倫理の非常勤講師となり、2011年4月から専任教諭となった。同年5月から部長に就き、夏には吉永健太朗（元JR東日本）や髙山俊（阪神）らを擁して、2度目の全国制覇を成し遂げた。

「監督は、本当に見たままの性格をしていて、裏表がありません。それは大人に対しても、生徒に対しても一緒です。それが一番の魅力ですね。選手のことを一番に想い、選手の成長を誰よりも考えています。選手と一緒に風呂に入ったり、朝練習でともに汗を流したり、何歳になっても、監督は監督のままです。一緒にいて、イヤになったことはないですし、ここを直してほしいと思ったこともありません。あ、一つあるとしたら、60歳過ぎているのにウエイトトレーニングをして、『筋肉ついただろう』と、力こぶを見せてくるところぐらいですね。『60歳でそんなことする人は監督ぐらいですよ〜』と言い返していますけどね」

映像を思い浮かべてみると、なんだか、クスッとくるやり取りである。

小倉監督から見た三木部長❶

厳しいけど優しい男

「三木に初めて会ったのは、大学4年生のときの3月ごろだったかな。これから教職を取り、いずれは高校野球の指導者になりたいという話でした。『それなら、グラウンドに来られるときに手伝ってよ』と言ったんですよね。正直、『この男ならやってくれる!』と思ったわけでもないんです。なにせ、初対面ですから。でも、三木はその言葉を意気に感じてくれたみたいで。大学でたぶん、完全燃焼ができなかったんじゃないかな。『あのときの監督の言葉がうれしかったんです』と、今でも言ってくれますね。

指導者としては、とにかく熱い男です。これは学生コーチのときから変わっていません。嫌味も言うし、ときには厳しい言葉もかける。若いころはあまりにきつく怒り過ぎることがあったので、『三木な、怒り方っていうのもあるからな。俺たちが、選手の鑑にならないといけないんだぞ』という話をしたこともあります。でも、それも若いときだけですね。

厳しいように思われているけど、根は優しいやつなんですよ。自分には『監督、あいつはもう絶対に使いませんから！』と言いながらも、気にかけて、最後まで面倒をよく見ています。選手の練習にも、とことん付き合っていますね。関谷（亮太＝ロッテ一軍打撃投手）と吉田（裕太＝ロッテ）がバッテリーを組んでいたとき、秋の大会で日大鶴ヶ丘にコールドで負けたことがありました。毎年やっている冬の合宿が12月28日に終わったあと、三木は『あんな負け方をして、これで終わっていいのか？』と、元旦から選手と一緒に自主練習をしていました。

三木の優しさや温かさに気づくのは、野球部を引退してからでしょうね。卒業生は、オフシーズンになると、『三木さんいますか？』とよく挨拶に来ています。三木は合宿所にいるので、元旦から自主トレに付き合っていることもありますね」

監督に向けての〝逃げ道〟を作る

外から見たイメージでは、小倉監督と三木部長では選手への接し方が180度違うように感じられる。監督はポジティブに明るく、「モチベーター」としての役割を担い、部長は厳しい指導で、選手に課題を突きつけていく。長年の指導の中で培ってきた二人のバランスが組織としての強みになっている。

「監督は選手のことをよく褒めますけど、私は褒めませんね。いつも厳しく接していると思います。私が考えているのは、『監督に逃げ道を作る』ということです」

逃げ道を作る……？

三木部長の口から出てくる言葉としては、意外な感じがした。どういう意味か。

「選手に、『監督よりも三木さんの方が怒る。何かあったら、三木さんは許してくれない』と思わせることです。例えば、練習で手を抜いたプレーがあったとしたら、『そんなプレーをして、監督が許してくれると思うのか！』『監督のところに行って、聞いてこい！』と怒ります。監督は『三木がなんで怒っているのか分かるか？』などいろいろと話した上で、最終的には選手をフォローします。そうすれば、選手からすると、『監督に助けてもらった』と感じるものです。私は、選手から嫌われようが構わない。監督が一番の存在であってほしいのです」

三木部長が怖い存在になればなるほど、小倉監督の優しさが心に染みわたる。これが、逆の役回りになることはまずないという。

「私が、気持ちが落ちている選手のケアをすることはほとんどないですね。ガンガンいくのみです。だから、監督がいない練習のときの方が、厳しいと思います。選手の立場からすれば、『三木さんの練習はきつい。監督がいる練習の方がいい』と思ってくれればいい。そうすれば、監督のことを好きになりますよね」

どんなことがあっても、小倉監督を立てる。それが、監督をサポートする部長としての生き方だと考えている。監督のことを全面的に信頼していなければ、できないことだろう。

「世の中にはたくさんの部長先生がいますが、私が一つ自信を持って言えることは、『監督を信じている』ということです。好きか嫌いかで言えば、大好きですよ」

「小倉愛」である。ここまで固い信頼関係で結ばれている監督と部長のコンビも珍しいのではないだろうか。これこそが、日大三の強さと言っても過言ではないだろう。

小倉監督から見た三木部長❷

年配のOBに食ってかかる熱い男

「三木は自分のことを、よく立ててくれます。『監督が一番でなければいけない。自分(※三木部長)は憎まれ役でいいんです』と言っていて、そこは本当に徹底しています。選手を怒っているときには、『監督がなんと言うか聞いてこい!』と言っていることが多いですね。監督の言葉が絶対で、チームの中で監督が一番上にいるということを、三木がうまく作ってくれています。

自分が朝早く合宿所を出るときには、三木が必ず先に起きて、朝ごはんの準備をしてくれています。『気を使わないでいいから』と言っても、絶対に準備をしています。愛情を感じますね。

あと、三木がよく言っているのが、『監督に対して、何か言ってくるやつは許さない』。

選抜に出て夏の甲子園に出られなかった年のOB会で、三木と二人でトイレに入ったら、そこにいた年配のOBが『小倉、甲子園に出ないと忘れられちゃうぞ！』と言ってきたんです。それを聞いた三木が『出てるじゃないですか！』と熱くなって、詰め寄ったこともありました。

三木は不器用で、真っすぐで、裏表のない人間です。先輩だろうと、監督が何か言われたら黙っていられない。長く付き合っていると、それが三木のいいところだとよく分かりますね」

選手の成長の瞬間に立ち会える喜び

取材日、ジャンプ系を中心にしたトレーニングをやっていた。設定されたゴール（コーンが置いてある）で力を緩めた選手に、三木部長が厳しい声をかけている場面があった。どうやら、主力選手のようだ。

「『レギュラーがもう1回跳ばないでどうするんだよ！　ゴールの先まで、もう1回、もう2回跳んでみろ。そういう姿を見て、他のやつがついてくるんだよ！』と、周りに聞こえるように言いました。練習をこなしているうちはまだまだ甘い。ギラギラした目をして、前向きに取り組めるか。歴代の先輩たちは、もっとやってましたから。私に厳しく言われようとも、『ちくしょう！』『なにくそ！』と跳ねのけてきた。できないこと、やれないことが悔しいと思えなければ、強くはなれません」

主力選手ほど、先頭に立って、チームを引っ張っていかなければいけない。

「自分が嫌いなのは、主力の取り組みに対して、周りが何も言えなくなることです。『あいつは野球がうまいから、言えないよな』なんて思っている選手がいるようなチームはなかなか勝てない。レギュラーだろうが3年生だろうが関係ない。やることをやっていないのなら、『ちゃんとやれよ！』と言えなければいけない。そこに、野球がうまい、下手は関係ないんですよ。全力でやる、一生懸命取り組む。ここがすべてです。監督が『練習は嘘《うそ》をつかない』とよく言っていますが、本当にそう思います。やるか、やらないか。はじめのうちは指導者がやらせるように持っていくことも必要だと思います。いきなり、『自分でやれ！』ではできませんから。高校生になると、自分なりの理論を持っていて、頭でっかちになる選手がたくさんいます。私も、監督と出会うまでは頭でいろいろ考える選手でした。でも、理屈じゃないんですよね。バッティングで言えば、来た球をフルスイングできるかどうか。監督の教えはシンプルで分かりやすいです」

――練習は嘘をつかない――

小倉監督の座右の銘である。新聞記事で、プロのピアニストが語った言葉をたまたま見つけたことがきっかけだ。

「練習を積み重ねていく中で、選手の表情やプレーが変わるときがあるんです。男になるっていうんですかね。辛いことを乗り越えたり、できないことができるようになったり、その瞬間に立ち会えるのが、指導者としての喜びです」

もちろん、いつも厳しいわけではない。グラウンドを離れれば、優しい顔を見せる。女子マネージャーには、専用のパーカーを数着プレゼントし、選手にはレアなアイテムを贈る。

「数年前、鼻毛がやたらに伸びている選手がいて、すごいんですよ、これが。『鼻毛カッターを買ってやる』と言って、その子のために買いに行ったんですよ。今（2019年当時）の現役生の中には、ヒゲがめちゃくちゃ濃いのが二人いて、ヒゲを剃ってもすぐに伸びてくる。『嫌じゃない？』と聞いたら『嫌です』と言うから、ヒゲが薄くなるローションをアマゾンで1本ずつ買って渡しました。寝る前に塗ったら薄くなるやつで、効果は分からないんですけどね。感想を聞いたら、『すげぇ、ツルツルします』って」

練習時とはまったく違う、柔らかい表情で語る三木部長。合宿所に一緒に住んでいるからこその気配りとも言えるだろう。

毎年、自身の誕生日（5月23日）には、選手からプレゼントをもらっている。

「昨年は、学校で使うためのカバンをもらいました。結構高いと思うんですよね。たかだか自分が生まれた日を、選手に祝ってもらうなんて申し訳ない。『ありがとう』は言ってないですねぇ。『こんなことしてないで、お前らちゃんと練習しろよ！』って。もらったからって、使えないですよ。ちゃんと袋に入れたまま、大切に置いてあります。あいつらが卒業したあとに、使わせてもらおうかな」

取材をしてみて分かったことだが、とてもシャイな性格をしている。3年生が卒業後、三木部長のカバンはきっと新しいものに替わっているはずだ。

斎藤佑樹に敗れた忘れられない夏

激しいノックで選手を鍛え上げる三木部長。監督も部長も右打ちであるが、小倉監督は左手でトス、三木部長は右手でトスを上げる。

「コーチになった当初は、自分も左手で上げていたんですけど、どうしても前の肩の開きが早くなって、ドライブ回転の打球になっていたんです。そこから、右手でトスするように変えて、今はこっちの方がしっくりきますね」

若いころに比べると、ノックに対する考え方も変わってきた。

「コーチを始めた当初は、『この打球が捕れないのか！』とガンガン打っていて、それこそ、『イレギュラーをしても、逃げずに捕れよ！』とやっていましたね。それが、ファーストに打ったノックがトップスピンがかかって、イレギュラーしたことがあったんです。あれは忘れもしない……、2000年の夏休みでした。ファーストの目の近くに当たって、すぐに練習を中止にして、病院に連れていきました。目の周りが大きく腫れて、もしかしたら視力が戻らないと医者に言われて。そのあと、幸いにも視力が戻って、練習に復帰できたんですけど、あのとき以来、『絶対にケガをさせてはいけない』『イレギュラーをさせてはいけない』と強く思うようになりましたね」

勢いと気合だけでやっていては、万が一の可能性でケガが起こり得る。イレギュラーは、グラウンド状態も関係してくるため、丁寧にトンボをかけて、打ち方にも気を配るようになった。

「トップスピンをかけると、どうしてもボールが跳ねてしまうんです。だから、内野ノックであっても、ボールの下にバットを入れて、バックスピンをかけて打つようになりました」

甲子園のノックは、コーチ1年目の1999年春から外野ノックを任され、2004年からは内外野の7分間ノックを打つようになった。2004年夏の甲子園初戦の相手は、同じ1974年生まれの藤原弘介監督（現・佐久長聖監督）率いるPL学園（大阪）だった。

「監督がヒジを痛めてしまった関係もあって、私が打ったんですけど、甲子園での7分間ノックは初めてでした。急いでやらなきゃいけない気持ちもあって、焦ってしまって、何がなんだか分からないうちに終わってしまいましたね。それに、お客さんが入っているレフトスタンドにも1本入れてしまって。高野連から、一番怒られるやつをやってしまいました」

観客の安全を守るために、「スタンドには絶対に打ち込まないように！」と、高野連は各学校に注意を入れているのだが、それをやってしまった。苦い甲子園ノックデビュー戦だった。

コーチとしての経験を重ねるうちに、試合中の配球やポジショニングを任されるようにもなった。東京大会は、「助監督」の登録でベンチに入れるため、1999年のコーチ就任時から監督の近くで戦い方を学んでいた。「あの試合は忘れられないんですよ。本当に申し訳なくて……」と悔しさをにじませるのが、2006年夏、斎藤佑樹（日本ハム）がいた早稲田実との西東京大会決勝だ。

日大三が1点を勝ち越して迎えた10回裏、先頭打者を打ち取り、甲子園まであと2アウト。ここで、早稲田実は当時1年生の佐々木孝樹（右打者）を代打に送ってきた。マウンドには、スライダーが武器の田中一徳。2ストライクと追い込んだあと、一塁側ベンチにいた三木部長は、センターの村橋勇佑を右中間に寄せた。右対右で外にスライダーを投げれば、1年生に引っ張られることはないと読んだからだ。それだけ、田中のスライダーに信頼を置いていた。

しかし、田中が投じたスライダーが甘く入り、打球はセンターやや左へ。右中間に寄っていた村橋が必死に追いかけ、最後はダイビングキャッチを試みるも、無情にもボールはグラブの下を抜け、二塁打となった。その後、同点に追いつかれ、11回裏にサヨナラ負けを喫した。

「なんでキャッチャーに、『外のボール球でいいからな！』と指示を出せなかったのか。『もっと、外に寄っておけ』と伝えることができたら、三振で終わっていたと思うんです。バットに当たっても、右中間にいた村橋のところに飛んでいたはず。キャッチャーに言えなかったことが、今でも悔いが残っているんです」

当時を思い出し、少し語気が強まる。チームへの申し訳なさとともに、指示を出せなかった自分への怒りがこもっていた。

「試合のあと、監督に『すみませんでした』と言ったんですけど、『いいよ、いいよ』って。そう言われると、余計に申し訳なく思いますよね。村橋には……、謝れていないんですよね。それも、心残りで。あいつが、ダイビングで捕りにいくなんてめったにないこと。届かなかったけど、必死にやっている姿が伝わってきた。本当、あいつらには勝たせてあげたかったです」

夏休みは練習に明け暮れた。悔しさもあり、甲子園の早稲田実の試合はまったく見なかったという。

小倉監督から見た三木部長❸

「うまくなってくれ!」と思いながら打つノック

「早稲田実との決勝は、いろいろあった試合でした。あの試合、レフトへの風が強くて、延長に入ったあと、三木が『監督、外野交代しなくていいですか』と確認してきたんです。風が強いから、守備固めを入れた方がいいと。自分はレフトのことは気にしていなかったんですけど、センターまで気が回っていなくて、『まだいい』と言ったんです。追いつかれたら、村橋にもう一度打席が回ってくる可能性もあったので、なんか割り切れなかった。そこは悔やんでいますね。

ノックは、右ヒジを痛めて手術をしたことがあって、三木に代わりました。そのあと、ヒザの半月板も手術して、若いつもりではいるけど、年齢には勝てませんね。どうしても右中間、左中間に伸びる打球が打てない。試合前に、右中間、左中間に打って、カットプレーの確認をしておきたいのに、ノッカーがダメだとそれができない。ヒジもヒザも痛い自分がノックを打っていたら、選手のためにならないですから。『三木打ってくれ』と、頼むようになりました。

三木のノックは、うまくなりましたね。今、知っている限りでは、一番うまいんじゃないかな。打ち方とか、教えたことなんて何もないですよ。自分が思っているのは、一本一本、『うまくなってくれ！』と思いながら打っていること。それは、三木にも伝わっていると思います。

練習中、二人で交互に外野ノックを打つときがあるんですけど、狙ったところに打つ技術や打球の伸びは、自分の方が上だったんですよ。でも、年齢を重ねるとともに、それが逆転されて、途中から二人で打つのが嫌になってきましたね。自分がどれだけ頑張っても、ヒュルヒュル～という打球で、三木のノックと全然違う。それはもう、ずっとノックを打ってきた人間としては耐えられないです。

三木は足も速いし、筋肉の付き方もいい。センスがある。自分は駄馬だけど、三木はサラブレッド。きっと、『小倉に負けるもんか！』と、ノックを打ち続けていたんだと思いますね」

喜怒哀楽が見える中学生に魅力を感じる

三木部長に任されている仕事の一つに、中学生のリクルートがある。かつては小倉監督も回っていたときがあったが、今は三木部長が主となり、２０１９年は島根まで足を運ぶなど精力的に動く。1学年20名入部するとすれば、三木部長の担当は18名ほどで、ほぼ9割の選手を受け持っている。どんな目線で、中学生を見ているのだろうか。

「野手なら、少々不器用であってもいいので、力のある子、バットを振れる子です。そこに加えて、人間的な面をよく見るようにしています。魅力を感じるのは、喜怒哀楽のある子ですね。今、すぐ頭に浮かんだのが、全国制覇したときにキャッチャーをしていた鈴木貴弘です。もともと、うちとつながりのある海老名シニアの選手だったんですが、中2の秋の大会で負けたときに号泣していました。技術的には申し分なかったので、中

3になってからも彼を追いかけていて、お母さんから『うちの息子のどこがいいんですか?』と聞かれました。そのときに、自信を持って答えたんです。『技術的なことは誰が見ても素晴らしいものがありますけど、それ以上に気持ちに魅力を感じました。2年生の秋、号泣している姿を見て、うちでやってくれたら素晴らしい選手になると思いました』。喜怒哀楽が前面に出ている子の方が、うちの野球には合っていますね」

鈴木は立教大からJR東日本に進み、今はマネージャーとして活躍している。

「淡々とプレーするような子は、うちには合わないと思います。泥臭く、一生懸命にプレーできるか。それがよく見えるのが、凡打したあとの態度や、うまくいかなかったあとの振る舞いです。落ち込むのではなく、次に取り返してやろうという気持ちに向かっているか。気になる選手がいれば、何回もグラウンドに足を運びますね」

今までで一番多く通ったのは、オリックスにいる山﨑福也だという。

「一番見に行きましたね。監督が4~5回ぐらいで、自分は10回以上は行ったと思います。最初は、所沢中央シニアにピッチャーを見に行ったんです。そうしたら、ファーストに左の大きい選手がいて、投げ方がいい。それが、山ちゃんでした。シニアの監督さんに聞いたら、ピッチャーもやりますよと。バッティングも柔らかくて、振る力もある。

何よりも惚《ほ》れたのは、山ちゃんの性格です。打席に入るときに、自分たちがいるのに気づくと、試合中でもネット裏に向かって会釈をするんですよ。こんな選手、今までいないですね。いろんな振る舞いからも、純粋に野球を楽しんでいるように見えて、目がキラキラしていました」

入学前に、脳の病気が発覚し、運動のできない日が続いた。三木部長は、山﨑を車で病院に送っていくなど、献身的にサポートをした。

「それは、山﨑だからというわけではなく、誰でもそうしています。うちの部員であり、うちを選んで来てくれた選手ですから当たり前のことです。どれほどの能力があったとしても、一番大事なところは、『三高で野球をやりたい！』という気持ちです。うちは、特待生の制度があるように思われていますが、一切ありません。だから、リクルートでは、他の私学と比べると不利になるんですけど、その中でも三高を選んでくれた子どもたちには、感謝しかありません」

リクルートに関しては年々、プレッシャーも感じているという。自分自身の〝目〟が問われ、そのままチームの力に直結していくからだ。

「でも、監督は何も言わないんですよ。『なんで、こんな選手を誘ってきたんだ！』なんてことは、今まで一度もありません。すべて、任せてくれています。ありがたいことですね」

三木部長に対して、最大限の信頼を寄せている証しと言えるだろう。

部長として選手を守る

一般的にはあまり知られていないが、野球部の部長はメディア取材の窓口を担っている。小倉監督に取材を申し込む際は小倉監督に直接電話をすることもあるが、チームや選手取材を申し込む際は、三木部長に連絡を入れて許可をもらうことになる。毎年、ドラフト候補がいるチームだけに、選手インタビューの申請も多い。ただ、すべてがウェルカムというわけではなく、三木部長の判断でNGが出るときもある。2019年は井上広輝（西武）と廣澤優（JFE東日本）と、プロ注目のピッチャーがいたが、個別取材は受けていなかった。

「申し訳ない話ですけど断っていました。例えば、星稜の奥川君（恭伸＝ヤクルト）のように、誰からも注目される存在になればいいんですけど、井上や廣澤はまだそこまではない。取材を受けることによって、チームから浮いてしまうこともあるし、本人が勘違いしてしまうこともある。そこを考えた上での判断でした。２０１９年の年明けに、井上がスポーツ新聞社の取材を受け、『井上、プロ表明！』という記事が出てしまったことがありました。本人に確認したら、『プロに行きたい』という話はしたそうですけど、それは希望であって、表明とは違うんじゃないか。夏の大会が終わったあとの記事なら分かるんですけど、まだ1月で、これからチームで戦っていこうとする時期です。記者の方に電話して、私の想いを伝えさせていただきました。部長として、選手を守る立場でもあるので、マスコミの方には本当に申し訳ないんですけどね」

特にドラフト候補選手への対応は、学校側もデリケートになることが多い。私も経験があるが、「夏の大会が終わるまでは、ドラフトに関する話は書かないでくださいね」と念を押されることがある。一方で、自己アピールのために「プロ志望！」とどんどん書いてくださいという学校もあり、対応の仕方は学校や監督、部長の考え方によって違ってくるものだ。

最近は、地元テレビ局が大会の取材に来るようにもなった。負けた直後、選手が落ち込んでいるところに、いきなりコメントを取り始めたため、「ちょっと待ってくださ い！」と声を荒らげたこともあった。

「『負けたあとで申し訳ありませんけど、選手の取材お願いしてもいいですか』と一言あれば、こっちも『できたら手短にお願いします』と言えるわけです。でも、いきなり入ってこられると……。私が、マスコミから何を思われても構いませんけど、選手を守ることは考えています。私は、どう思われてもいいですから」

損な役回りとも思えるが、「指導者として、当然のことです」と冷静に語った。

披露宴で恩返しの『ロッキー』

1999年から合宿所に住んでいる三木部長。「大変ですね」と言うと、「全然、大変じゃないですよ。選手が寮にいるんですから、当たり前のことです」とあっさり言った。寮に住んでいれば、プライベートの時間はほとんどない。三木部長はずっと独身だった。OBの間では、「三木さんがいつ結婚するのか」という話題にもなっていたが、2

019年12月に結婚式を挙げた。聞いてびっくりの話で、奥様とは14年間も付き合っていたという。

「いやもう、こういう話はいいですよ」と言いながらも、エピソードを一つだけ教えてくれた。

「秋の帝京戦の前に、監督が『三木が結婚することになったから。お前ら、三木のためにも、この秋は絶対に勝つぞ！』と言ったら、帝京戦で負けてしまって、言わなかった方がよかったんじゃないかな」と、バツが悪そうに笑った。

小倉監督夫妻に、結婚式の媒酌人をお願いした。小倉監督は「今は媒酌人を立てないことの方が多いから、気を使わなくてもいいぞ」と何度も言ったそうだが、「ぜひ、お願いします」と譲らなかったそうだ。

披露宴が始まるとき、三木部長は一つサプライズを用意していた。媒酌人の小倉監督とともに入場する際、映画『ロッキー』のテーマを流したのだ。『ロッキー』は小倉監督が大好きな映画で、全シリーズの内容を完璧に把握しているぐらい何度も見た。選手と一緒にDVD鑑賞をすることもあるほどだ。

「監督への感謝や恩返しの意味を込めてのロッキーです。公式戦でノックが始まるとき、吹奏楽部がロッキーを演奏してくれるんですよ。それも意識しました」

奥様との付き合いよりも、監督との付き合いの方がずっと長い。この結婚を誰よりも喜んでいるのが小倉監督だ。少し申し訳なさそうな表情で、しみじみと語り出した。

「うちの女房がずっと言っていたんです。『三木さん、うちのお父さんのことなんて気にしないでいいから、結婚していいんだからね。あなたの幸せが、一番大事だから』。あいつの中に、自分が結婚したら、今まで通りの生活ができなくなり、監督に負担がかかるという心配があったようです。それが、何か申し訳なくて。そんなこと気にしなくていいんですけどね」


2020年春、新型コロナウイルスの影響で、東京には非常事態宣言が出された。日大三高はオンライン授業に切り替え、部活動は休み。寮生も自宅に戻った。三木部長はどうしているか気になって電話をかけてみると、「合宿所にいますよ。草むしりしたり、グラウンド整備をしたりしています」と言葉が返ってきた。結婚後もほとんど、合宿所にいるそうだ。チームのために、合宿所とグラウンドを守るのも部長の仕事となる。

5月20日には夏の選手権大会の中止が決まり、「甲子園がない夏」になった。それでも、三木部長はこれまでと同じ姿勢で、選手たちを鍛え上げた。西東京の代替大会はベスト8で敗れたが、戦いに臨む熱量は例年と変わらぬものだった。

「変な同情はしませんでしたね。いつも通りにやる。『かわいそうだな』と思う気持ちも内心ではありませんでしたけど、それを言ったところで何も変わりませんから。3年生はもう本当に、感心するぐらい、一生懸命に頑張ってくれました。彼らにとって、初めて人生をかけて、本気で目指したのが甲子園だと思うんです。それだけ、甲子園の存在は大きい。だからこそ、3年生の戦う姿は『こいつらすげぇな』って。『三高でやれてよかった』と思って卒業してくれたら、こんなにうれしいことはないですね」

甲子園があってもなくても、やるべきことは変わらない。

「手伝ってくれないか」と、小倉監督に声をかけてもらってから24年、三木部長は人生のおよそ半分を監督と過ごしていることになる。

自分のことを信じてくれた小倉監督のために頑張りたい、期待に応えたい、監督を裏切ってはいけない、何かあったときには監督を守る。初めて挨拶をしたあの日から、今の今まで、その気持ちに揺らぎはない。

人生のおよそ半分を一緒に過ごしてきた
小倉全由監督（左）とがっちり握手

第2章

岩嶋敬一

作新学院（栃木）
部長

古豪復活を果たした
外様の参謀

取材・文＝西尾典文

[プロフィール]

いわしま・ひろかず

1963年2月16日生まれ。新潟県出身。新潟県立直江津高を卒業後、一般入試で日本体育大へ進学。4年時には副主将として春秋連続でリーグ戦優勝を経験した。85年4月、作新学院高に赴任し、2年間コーチを務めた後、87年に野球部長に就任。2000年春の選抜を皮切りに、春夏合わせて14度甲子園に出場し、16年夏には54年ぶりの全国制覇も成し遂げた。89年から栃木県高野連の理事となり、01年からは副理事長も務めている。保健体育科教諭。

ゆくゆくは新潟に戻るつもりで栃木へ

作新の風　吹きおこる〜　われらが愛の　学院に〜

高校野球ファンにとっては、すっかり聴きなじみのあるメロディーではないだろうか。作新学院の校歌であるこの『作新学院歌』は、小説家としても知られる石浜恒夫が作詞、NKH交響楽団の正指揮者を務める外山雄三が作曲し、1952年4月に制定された。学校の歴史は古く、創立は1885年だが、高等部と中等部からなる作新学院となったのは太平洋戦争後の1947年のことであり、おなじみの校歌はその5年後にできたことになる。

栃木県内の私立高校では最も伝統のある学校であり、特徴は何よりもその規模だ。高校だけで約4000人の生徒が在籍しており、これは通信制の学校を除くと全国でもトップの数と言われる。JR宇都宮駅からバスでおよそ15分の宇都宮市郊外にあるキャンパスは幼稚園、小学校、中学校と合わせて広大な敷地を有しており、その雰囲気は高校というよりも大学に近いものがある。これだけの歴史と生徒数によって多くの分野で著名人を輩出しており、シンガーソングライターの斉藤和義や、競泳のリオ五輪金メダリストである萩野公介も作新学院の卒業生である。

硬式野球部の歴史も古く、創部は日露戦争前の1902年。そして冒頭で紹介した校歌が制定されてから10年後の1962年、作新学院硬式野球部は歴史に名を刻むこととなる。八木沢荘六（元ロッテ）、加藤斌（元中日）という後にプロ入りする二人の好投手を擁して、史上初となる甲子園春夏連覇を達成したのだ。また今でも語り継がれているのが〝怪物〟と呼ばれた江川卓（元巨人）だ。甲子園での優勝こそなかったものの、1973年の選抜大会では現在でも大会記録である60奪三振をマークし、その名を全国に轟かせた。現在でも学校の資料室には、江川を先頭に甲子園出場メンバーが並んだ写真を使用したパネルが置かれている。近年も2011年から9年連続で夏の甲子園に出場。2016年には今井達也（西武）を擁して2度目の優勝を果たした。

このように書くと常に結果を残し続けてきたように見えるかもしれないが、長い低迷の時期があったことも事実である。江川の卒業後、1970年代後半に春2回、夏1回甲子園に出場したものの、いずれも初戦で敗退。そして1980年から1999年の20年間、作新学院ナインは一度も甲子園の土を踏むことができなかったのだ。1979年生まれの筆者にとっても、作新学院といえば強豪ではなく古豪という印象が強かった。

そして本章の主役である岩嶋敬一部長が、野球部のコーチとして作新学院に赴任したのはまさにこの低迷期真っ只中の1985年である。春夏連覇も成し遂げている名門であればスタッフも同校OBが多いかと思いきや、岩嶋部長自身は作新学院OBではなく、新潟県立の直江津高校出身である。高校時代は目立った実績もなく、日本体育大にも一般入試で進学。4年時には副主将として春秋の首都大学リーグ戦連覇に貢献したが、卒業後は地元新潟で教員になる予定だった。ところが当時の日本体育大・上平雅史監督から作新学院を紹介されたという。縁もゆかりもない作新学院、栃木への赴任に迷いはなかったのだろうか。

「それほど迷うようなことはなかったですね。私が出た学校は新潟県の本当に普通の県立の高校で、1回戦も勝てないような小規模の野球部でした。将来は野球の指導をしたいと思って日体大に行きましたけど、大学を卒業した当時も何の知識もありません。そんな状態でしたから、伝統も歴史もある野球の名門校で勉強させてもらったらのちのち自分にすごく役に立つと思って、お世話になることに決めました。話をいただいたときに新潟の実家の父親とも相談しましたけど、ありがたい話だから行ってこいというふうに言ってくれましたね。ただ当時は勉強した後、ゆくゆくは新潟に戻って教員をやるつもりで、父親にもそう言って電話を切ったのを覚えています。まさかこんなにずっといることになるとは思わなかったですね（笑）」

岩嶋部長が赴任したのは１９８５年４月のことであり、２０２１年で37年目を迎えた。県内の指導者の中でもすっかりベテランの一人となった。父親との会話にもあったように、途中で新潟に戻ろうという気持ちは芽生えなかったのだろうか。

「赴任した当時は思っていましたけど、自分が来てから15年間甲子園に出られませんでしたから、このまま辞めてしまっては申し訳ないという気持ちがまずありました。それに新潟に帰るにしても、作新でしっかりとした実績を残してからだと思っていました。そんなことを考えていたら、結果を残すまでに思いのほか時間がかかってしまったというのが正直なところですね。野球部長という立場で言うと、今では県の中でも一番長くなりました」

すっかり〝野球部長〟という肩書が長くなったが、もともとは野球を教える立場、つまり監督になることを考えていたわけである。そして本人の話す部長としての実績は、すでに十二分に残したと言えるだろう。もし今のタイミングで、地元新潟の学校から監督としてオファーがあったらどうするか、という聞きづらいことも聞いてみた。

「甲子園に行かせてもらうようになってからも、自分の力不足だなと思うことは毎年毎年あります。あと、自分が来てからは監督が結構短いスパンで交代していたんですね。そんな中で部長も交代してしまうと、選手にとっても学校にとってもよいことはないと思うんです。公立高校であれば人事異動で監督、部長が交代することはどうしてもありますけど、私立のよいところは学校が認めてくれれば長くいることもできるということもあると思うんですよ。そういうことも卒業生、OBが休みのときにグラウンドに顔を出すきっかけにもなるので、今は新潟に戻ろうということは考えていないですね」

かつて指導した教え子が監督に就任

岩嶋部長が赴任した当時の低迷期を打破するきっかけとなったのが、小針崇宏監督の就任であることは間違いないだろう。23歳で作新学院の監督に就任し、3年目の2009年に31年ぶりとなる夏の甲子園出場を果たすと、2016年には33歳で甲子園優勝監督となった次代の高校野球界を背負う若き指導者である。また2011年からは夏の栃木県大会では一度も負けておらず、現在継続中となる記録としては、9年連続の夏の甲子園出場は全国でも聖光学院（福島）の13年連続に次ぐ数字である。この小針監督も当然、岩嶋部長の教え子にあたる。部長として選手時代に指導した小針監督は、どのように映っていたのだろうか。

「現役時代は1年秋からレギュラーでしたし、練習でも試合でも周りのことがよく見えている選手でした。2年秋の新チームからはキャプテンになって、プレーも堅実でしたね。将来の話をしたときに本人も早くから指導者を考えているということだったので、筑波大学を目指そうと。幸い選抜でベスト8まで勝ち進んで（筑波大学の）推薦の基準にも達していましたし、引退してからは勉強もしっかりしていたと思います」

将来は指導者として考えていたかもしれないが、小針監督が監督に就任したのは大学を卒業した直後の2006年9月であり、23歳のときだった。全国でも屈指の伝統校に指導者として何の実績もない新人監督が就任することに対して、周囲の反発はなかったのだろうか。

「大学を卒業してすぐうちに戻ってきて、夏までは前任の監督が務めていたんですけど、秋の新チームからは小針が監督になりました。若過ぎるんじゃないかとか、大変だったんじゃないかとかはよく言われますけど、周りからもそういう声は当然ありますよね。ただ作新は代々、大学を卒業して比較的早く監督になった方がこれまでも多かったんですね。だから学院の内部からは、それほど心配する声はなかったと思います」

小針監督が率いる作新学院といえば、送りバントをほとんどしない攻撃的な采配が代名詞となっている。長い歴史のある伝統校だけに、そのような従来のやり方にとらわれない戦い方への反対の声もあったはずである。そのことについても聞いてみた。

「バントについてもよく言われますけど、あくまで最近の話ですね。最初は当然送りバントもしていましたよ（笑）。小針が監督になって3年目の夏に初めて甲子園に出て、初戦で長野日大（長野）さんに8対10で打ち負けたんですね。これは一つ大きかったと思います」

岩嶋部長が話す試合は2009年夏の甲子園だ。この試合、作新学院は3度送りバントを記録している。13安打を放ち、現在では代名詞となった強打のチームという片鱗《へんりん》は見せているものの、作戦面では極めてオーソドックスだったと言えるだろう。

「小針の中では前から送りバントについては疑問だったようなんですけど、甲子園で勝つにはやっぱり全員で打ち勝たないといけないという話になりました。あと当時の栃木県高野連の理事長だった堀江（隆）先生からも、栃木の野球は代々いい投手を中心として僅差で勝つ野球だけど、これからはそれでは勝てないとお話しされていたんですね。うちが春夏連覇したときもそうですし、江川さんで勝ち上がったときもそうですよね。ただ当時はもう智辯和歌山（和歌山）さんが、豪快にガンガン打って甲子園でも常に上位に入っていましたから。栃木でもそんな打ち勝つチームが出てきてほしいという話をされていたこともあって、それから方針は変わりましたね。だから作新の野球というより小針の野球ですし、栃木県全体のレベルを上げるために必要なことだったと思います。うちも毎年毎年、八木沢さんや江川さんのようなピッチャーが出てくるわけではありませんから」

ちなみに岩嶋部長、小針監督は二人とも現役時代は主に2番打者であり、先頭打者が塁に出れば送りバントをすることが多かったという。そんな二人が指導するチームが送りバントを用いないというのも面白い。

スカウティング時のポイント

作新学院は私立校であるが、栃木県内の中学出身の選手が多いというのも一つの特徴である。そのあたりも県内のファンから絶大な人気を誇る理由の一つと考えられるが、いわゆる選手のスカウティングなどについてはどのように行っているのだろうか。

「栃木県というのはもともと県立志向が強いんですね。私が赴任した当時は本当にそうでした。宇都宮工業、宇都宮南、小山高校さんも強いし、いい選手も多かった。だから中学生の試合を見に行ったりしても、なかなかうちを考えてくれるような選手は少なかったです。ただ徐々に甲子園を目指すのであれば私立という風潮が全国的にも広がっていって、少しずつ作新を考えてくれる選手が多くなったのかなという印象です。でもうちは常勤のスタッフは監督、部長、コーチ一人ずつで、決して多くないのでそこまでいろんなところに見に行けるわけではありません。時間的には私が行くことが一番多くなりますけど、ある程度うちに興味を持ってくれている選手を見に行く、ということが多いですね」

それほど熱心なスカウティングをしているという話ではなかったが、作新学院は高校の3年間で伸びる選手が多い印象を受ける。選手を見る上で気をつけているポイントについても聞いてみた。

「最初はどうしても体格が目につきますよね。ただ中学生なので、身長がこれから伸びる子も多いので、体格的にも技術的にも完成されている必要はないと思っています。身体の成長とともに技術も伸びていく子が多いですから。だから基本となる姿勢や走り方、投げ方、そういうところに光るものがあるといいですよね。打ち方は後からなんとかなることが多いので、どちらかというとそういうところを見ます。最近の選手では、日本ハムに行った石井（一成）なんかは高校ですごく伸びた選手ですね。1年の秋から試合には出ていましたけど、入ってきたときはそこまで飛び抜けた選手ではなかったです。小さいころは弟の巧（中央大）の方が、みんなからもうまいって言われていたみたいですから。ただ基本のプレーがしっかりしていて、監督にもよく鍛えられてあそこまでなりました。一つ上の先輩にタイプのよく似た佐藤竜一郎（日本製鉄鹿島）という選手がいたのもよかったかもしれませんね」

そして岩嶋部長が入学を考えている中学生やその保護者に対して話をするときは、常に甲子園だけでなくその先のことも考えているという。

「当然甲子園に行きたいと言って入ってきますけど、高校生活はそれだけではありませんから。最近はその後の進学先や就職先のことも考えていることが増えています。特に親御さんはそうですよね。将来のことを考えると、作新で高校野球を3年間やって、その後の選択肢としてどういう道があるのか。そういう話は必要な時代になってきていますよね。何がなんでも甲子園、という生徒ばかりでもないです」

石井一成は2年夏、3年春夏と3季連続で甲子園に出場し、早稲田大を経てドラフト2位で日本ハムに入団している。言ってみれば、小針監督が勝ち始めたころの代表的な選手の一人と言えるだろう。しかし岩嶋部長に、印象に残った選手ではなく、印象に残った年代について聞いてみると、意外な答えが返ってきた。

「毎年毎年それぞれ思うことはあります。でも少し前のことを考えると、中日に入った落合英二のいた年代ですかね。あのときは宇都宮南に近鉄に入った高村（祐）というピッチャーがいて、一学年下には足利工業に石井琢朗（元横浜など）がいて、さらにもう一つ下の学年に今監督をしている佐野日大の麦倉（洋一＝元阪神）がいた。栃木に好投手がそろっていたんですね。その中でも前評判では作新と宇都宮南がリードしていると言われていました。落合以外にも力のある選手がいて、甲子園に行けるだけの戦力は十分にそろっていたと思います。自分がここへ来て3年目で、ちょうど部長になった年で25歳でした。監督の大塚（孝）も就任して1年目で同じ25歳だったんですね。もっと経験のあるベテランの指導者だったら、準決勝や決勝を逆算して戦うことができたと思うんですけど、当時はこちらも視野が狭くて目の前の試合しか見えていません。結局、準決勝で石井琢朗君に抑えられて甲子園には行けませんでした。私も監督も若かったですよね。力のある選手たちだっただけに、今でも悪いことをしたなと思います」

作新学院に赴任して3年目、部長として初めて臨んだ夏の栃木県大会。それも後にプロで活躍するようなエースを擁していた手応えのあるチームだっただけに、その悔しさは今でも強く残っているようだった。しかし、逆に言えばこのときの悔しさがあったからこそ、30年以上の長きにわたって野球部長を務められていることもまた事実ではないだろうか。

甲子園出場を決めたとき、まずやらなければいけないこと

9年連続の夏の甲子園出場という快挙は、チームにとっても学校にとっても名誉なことには間違いないが、実際の現場を取り仕切る野球部長にとっては大変なことも多いのではないだろうか。特に作新学院の場合は、小針監督がグラウンドでの練習に集中できるように、いわゆる裏方の運営部分は岩嶋部長が一手に担っているからなおさらだ。甲子園に出続けているからこその苦労についても聞いてみた。

「最初のころはスケジュールや流れ、準備しないといけないものが分かっていなくて大変といえば大変でした。特に私が来てから初めて出た夏の甲子園が、学校にとっても31年ぶりでした。当時のことを知っている人もほとんどいなかったので、初出場に近かったですね。ただ、2009年の夏にうちが出る前に県の高野連の理事もやらせていただいていて、他の学校さんの様子もなんとなく分かっていたので、それは自分にとってはよかったかもしれませんね。まあ春は時間があるからいいですけど、やっぱり夏は栃木

大会が終わってから甲子園まで間が短いのでどうしても忙しくはなりますね」

甲子園に出場すると、チームとしては果たしてどんな準備が必要になるのかについては、意外と一般的には知られていない部分である。今では9年連続、通算10回の夏の甲子園出場を経験している岩嶋部長は、言ってみればその道のスペシャリストであり、これ以上の知見を持っている指導者は全国にもそうはいないだろう。そのあたりの細かな作業、手続きについても深掘りして聞いてみた。

「まずメンバーを20人から18人に減らさないといけない。決まった瞬間にはまずそのことが頭に浮かびますね。次にするのはホテルの手配です。どこのホテルかは決まっているので探す必要はありませんけど、何日から何人で行きますという連絡をしなければいけません。その後に監督、コーチと現地入りするまでのスケジュール、現地入りしてからのスケジュールを詰めていきます。あとはマスコミの方へのメンバー、スケジュールの広報。OB会や後援会への告知を学校の事務担当と決める。そういったことを短期間でバタバタバタバタっとやらないといけない。甲子園が決まると、どの学校もその指示や判断を野球部長さんがやることになるので、初めてだと大変だと思いますよね。うちは幸い学校も大きくて、事務職員の数も多いから、助けられている部分は多いです」

甲子園出場の手続き、対応などには慣れてくるかもしれないが、9年連続の出場となると地元や学校のプレッシャーも年々大きくなってくるはずだ。そういった面での大変さについても聞いてみた。

「選手の保護者も甲子園に出られるという気持ちでうちには入ってくる。それが監督、選手にも重圧にはなってきますよね。去年、うちよりも長く連続で出ている聖光学院の監督、部長先生と練習試合をしたときにも話したんですけど、一番大変なのは選手なんです。甲子園出場を逃したら、ずっと〝逃した代〟ということが残りますから。大げさに言えば一生残るかもしれない。ここ数年は5月くらいから選手の表情にも動きにも、出てきているような気がしますね。ミーティングでも去年は去年、今年は今年だし、勝つときは勝つし負けるときは負けるからお前たちの責任じゃないんだよ、という話も入れるようにしていますね。それでもプレッシャーがなくなることはないと思います。今だと聖光学院さんとうちと花咲徳栄（埼玉）さんなんかは、そういった重圧と戦っていますよね」

マスコミ取材への対応も部長の仕事

地元では絶対的な知名度を誇り、全国的に見ても有名な高校である作新学院。マスコミからの取材も当然多い学校であり、その調整を行うのも野球部長であるが、果たしてどのようなことに気を配りながら対応しているのだろうか。

「取材となるとまずは監督、次に主力選手のコメントを聞きたいというケースが多いですよね。ただ、監督も選手もまず練習をしっかりやることが仕事になります。その妨げにならないように、部長が整理しないといけないとは思います。甲子園で優勝したときが取材も一番多かったですけど、さすがにその状況に慣れている学校はいませんから(笑)。高野連や主催者の朝日新聞さんが優勝の翌日の取材、新幹線に乗るところのスケジュールまでしっかり決めてくれていました」

取材といっても2016年夏の甲子園優勝のような喜ばしいものがある一方で、そうでない類いのものもある。2012年夏には甲子園大会期間中に部員の不祥事が発覚したこともあった。そのときも矢面に立つのは小針監督であり岩嶋部長である。

「２０１２年の夏は甲子園大会中でしたから、まずは選手たちに試合に集中してもらうことを考えました。幸いなことに主催者からも、そのまま大会に出ていいよとすぐに言ってもらえましたから。あとはああいうことが起きると、自分だけではどうしようもできない部分も出てくるんですよね。そんなときでも学校の職員が対応してくれて、ＯＢの方や関係者からもいろいろ言葉をかけていただきました。それはありがたかったですね。全員がとにかく監督と選手には前を向いてもらおうと。とにかくそのことだけを考えていました」

『不祥事』というワードをぶつけたときに、一瞬表情が曇ったように見えた岩嶋部長だったが、ぶしつけなこちらの質問に対しても当時のことを振り返りながら穏やかに話す姿が印象的だった。話したくないこと、振り返りたくないことはもちろんあるだろうが、そのような出来事に対しても真摯《しんし》に対応してきたからこそ、このような話し方ができるのではないだろうか。

30年以上も部長を続けていると、当然様々なことが発生する。直近で作新学院が注目を集めたのは、２０１９年3月31日に行われた練習試合だった。対戦相手はドラフトの超目玉である佐々木朗希投手（ロッテ）を擁する大船渡（岩手）。大船渡の國保陽平監督が、小針監督と同じ筑波大野球部のOBということで実現した試合だ。この時期、大船渡は関東で遠征を行っていたが、佐々木のシーズン初登板がこの試合だと伝えられていた。岩嶋部長も取材陣への対応に追われることになったのだ。

「最初はうちのグラウンドでやる予定だったんですね。ただ日にちが近づいてきたらマスコミやスカウトの人からじゃんじゃん電話がかかってきて、これはグラウンドでやるのは無理だなということになりました。急いで県内のいろんな球場に連絡をして空いているところを探しまして、市営矢板球場さんが融通してくださったんです。よかった〜と思いましたね。テレビカメラも4台くらいいて、スカウトの方も何十人と来ていたので、とてもグラウンドでは無理でしたね。練習試合であんなことになったのは初めてです。試合の後に記者会見みたいになっていましたから（笑）。國保監督も当然初めての経験でしょうし、部長は女性の先生だったんですけど、マスコミ対応は本当に大変そうでしたね。ある程度の時間を決めて終わりにした方がいいですよという話もしました。うちとの試合があってから、かなり取材も制限するようになりましたよね。あの日は気温も8度くらいで寒かったんですけど、佐々木君はものすごいボールを投げていましたね。そのことにも驚きました。あれだけの飛び抜けた存在がチームにいると、一人だけ浮いてしまう恐れがありますよね。学校としてはそれを避けないといけない。他の選手にも負担がかかる。そういうことは見ていて思いました。いろんな意味でよい経験をさせてもらった試合でしたね」

筆者もこの試合を現地で取材していたが、マスコミとスカウト陣の数に驚かされたのを鮮明に覚えている。その裏でそんな苦労があったというのは初めて聞く話だった。

ＯＢ会の存在も作新学院の強み

今ではすっかり作新学院の人間となったが、部長就任当時は25歳という若さであり、学校のＯＢではない、いわゆる外様のメンバーである。そんな若き岩嶋部長に対してＯＢからのプレッシャーは大変なものではなかったのだろうか。

「よくいろんな方に『作新のＯＢ会は大変だよね』と言われるんですけど、決してそんなことはなかったですね。まずＯＢ会長、副会長ともきちんとした実績のある方がなりますし、会長を中心に統制がとれていますよね。組織として本当にしっかりしていると思います。強烈な注文が来るようなことはありませんし、もし何かあったとしてもOBが個別に現場に意見することはありません。必ずOB会長さんを通して話があります。だから私が部長をしていて、OB会からの注文で困ったなということは一度もないです。またOB会と同様に保護者会ともやりとりをしますけど、そちらに関しても会長さんにとりまとめをしていただいて、保護者会の総意として意見は上げてもらうようにしています。OB会、保護者会とも確立された組織になっていますので、むしろ現場としてはやりやすいですね。県の高野連にも関わっている立場で言わせてもらうと、どの学校もそういう組織がしっかりしていてもらえるとよいだろうなと思います」

栃木県高野連では副理事長を務める

9年連続で夏の甲子園に出場している作新学院だが、この期間の選抜大会への出場は意外なことに2度にとどまっている。また春の栃木県大会についても、9年間で優勝したのは3度だけ。逆に言えば秋や春は勝てなくても、夏にはしっかり合わせてきているという言い方もできるだろう。最後の夏に勝ち切れる秘訣はどこにあるのだろうか。

「まず選抜に行くというのは、関東大会を勝ち抜かなければいけないですよね。栃木では上位に入って関東大会に出たとしても、そこで勝ち上がるのは相当難しいことです。埼玉、神奈川、最近では群馬も強い。栃木では勝てても関東では勝てないというのは、昔から言われていることで、そういう意味でもまだまだだと思います。またこれは作新だけではなくて、栃木県全体がもっとレベルアップしないといけないですね。夏に勝てているというのは、秋に勝てなかった課題を明確にして、冬場はトレーニング中心に鍛えて、春からチーム力を上げていくという流れが監督の中である程度確立されているというのはあると思います。体力面、技術面、最後に精神面、そのバランスを作り上げていくのが小針は上手ですよね。もう一つあるとすればチーム内の活性化、競争というのは常に言っています。秋までのレギュラーが春は外れたり、2018年の横山（陽樹）のように1年生をいきなり甲子園で起用してみたり、そうやっていくことでチーム全体がレベルアップしていく。そういうところがここ数年はうまくいっているのかもしれませんね」

前段でも少し触れたが、岩嶋部長は作新学院の野球部長というだけではなく、1989年からは栃木県の高野連理事としての役割も果たしている。2001年には副理事長となり、20年にわたって栃木県高野連の発展にも尽力しているのだ。あまり表に出ることはないが、こちらの仕事についても聞いてみた。

「栃木県の高野連は宇都宮工業さんに事務局があって、そこに理事長と事務局理事がいらっしゃるので、普段はそちらにお任せしていて私はたいしたことはしていません（笑）。役割としては強化部ということで、栃木県内全体のレベルを上げていってほしいということは言われています。ただ県のレベルを上げるには、まず作新のレベルを上げないといけませんから。手っ取り早いのは作新がどんどん強くなって、もっと全国でも勝つことかなとは思っています（笑）。作新が関東大会、甲子園でも結果が出れば、県内の他の学校は作新でも勝てるならと一つの目安になりますよね。そういう基準になればと思います。最近では九州の方は県をあげて強化しようということで、よく招待試合をしたりしていますし、大分は遠征で栃木にも来ています。そういう試みは県外のレベルを知るという意味でもよいことだと思いますね。常に全国のレベルはどのくらいなのかを意識していかないと県として置いていかれてしまいますから、甲子園に出るときもそういうことは考えますね」

全国制覇はしているものの、全国や関東で戦う上ではまだまだという話が繰り返し出てきたが、全国レベルの学校と多数対戦してきていることは間違いない。そんな中で岩嶋部長が強さを感じたのはどんなチームだったのだろうか。

「最近だと東海大相模（神奈川）さんですかね。試合もそうですけど、門馬（敬治）監督の練習に取り組む姿勢とか、練習のやり方とか、妥協せずにやっていることが伝わってきます。選手全員が全力で走りますし、ベースカバーとか細かいところまで徹底してやっている。見ていても刺激になりますよね。他では日大三高（東京）さんも、小倉（全由）さんの情熱がすごいですね。極端な話、生徒と24時間一緒にやっている感じが伝わってきます。監督さんにはそれぞれスタイルがありますし、学校としての環境や条件もあるので全部をまねできるわけではないですけど、いろいろと参考にすることや勉強させてもらうことは多いです」

学校の環境、施設という話も出たが、以前は岩嶋部長自身も寮で選手たちと寝食をともにしていた。小針監督が結婚間もなく、小さいお子さんもいるということで、岩嶋部長がほぼ一人で寮の管理を任されていた時期もあったという。ただ現在は一時的に寮を解散しているという。これも新たなやり方を模索しているうちの一つのようだ。

「多くても15人くらいでしたけど、寮があるときは一緒に生活もしていました。ただ寮生活についてもよい面、悪い面があるような気がしています。よい面という意味では、生活の大半を野球に没頭できるというところですよね。ただしそれは野球以外の学習面、生活面、食事などの栄養面をしっかりと管理できる状態がそろっていることが前提だと思います。そのうちのいくつかが欠けてくると、寮で集団生活していることがマイナスの連鎖を生むこともあります。しっかりとした管理のもとでないと、どこかで歪みや不満が出てきて全員が同じ方向を向いて取り組めなくなってくるんですね。そういう状態で寮生活をするというのは悪い面が多く出ると思うんです。そこが寮の難しさですね。自宅から通うということは管理されずに自由な時間ができるので、それはそれで難しいかもしれませんけど、練習したいときは練習できますし、休みたいときは休める。大阪桐蔭（大阪）さんはがっちり寮生活ですけど、履正社（大阪）さんは全員が通いでやっていますよね。それでも結果が出せている。どちらもよさ、悪さありますけど、そこを監督さんがうまく見極めてやっていくことが大事じゃないですかね。そういうこともあって、今は全員通いでやっています。ただある程度の条件、体制が整って選手たちからの要望も多いとなって、やっぱり寮が必要だよなと判断したら再開することもあるかもしれません」

結果を出し続けていても決して立ち止まることなく、今でもあらゆるやり方を模索していることがよく分かるエピソードではないだろうか。長年野球部長を務めながらも、決して同じやり方ではなく、時代に合わせての変化は必要だと感じているようだ。

「時代は流れていますから、生徒の気持ちや気質も変わっていきます。そのときそのときで何が一番よい方法なのかは見極めないといけませんよね。去年もこうしていた、一昨年もこうしていたとか、10年前からずっとこうやってきたということは危険をはらみます。ただやってきたということだけで大丈夫というのは錯覚です。これは本当に危ない。気がついたら時代に取り残されて、遅れているということも往々にして起こり得ます。状況をよーく見極めて、どんなやり方がいいのか、また学校の方針やバックアップ体制に合ったものはどんな方法なのか、常に考えながらやっていかないといけないです。世の中ものすごいスピードで変化していますから、常に新しいものには興味を持たないといけません。取り入れるか取り入れないかはまた別の話ですけど。監督の小針も勝ち続けていても常に同じではいけない、何かを変えないといけないという気持ちは持っていると思います。練習方法や選手との対話の仕方などを見てもそう思いますね」

結果が出なかった時代を経て、勝ち続けながらも常に進化していることがよく伝わってくる話だが、長くやっているからこそ難しいこともあるそうだ。

「一つ確実なことは、生徒たちと毎年1年ずつ年齢が離れていくことです。残念ながらこればっかりはどうしようもありません（笑）。10年前の自分が選手と接していたのと同じように接していては当然だめですよね。自分がここに来たときはまだ昭和でしたし、平成が終わって令和にもなった。それなのに選手との接し方が変わらないという方がおかしいですよね。変わって当然です。年相応というか、1年ずつ年齢を重ねるごとに工夫を加えていかないと、選手との関係性もダメになっていくと思います。そういう自覚はありますし、小針もそれは感じていると思いますね。50歳を過ぎると選手から見ると親より上の年齢なわけですから、見方によってはおじいさんですよ。若いころと同じ感覚で話をしても、選手は理解できないということがどうしても多くなってきます。自分よりベテランで70歳くらいまで監督をされている方もいらっしゃいますけど、どうやっているのかなというのは気になりますよね。同じ方法を続けるだけではうまくいかないはずですから。ただその中でも変えずに貫かないといけないものもある。そのバランスが大事なんだと思います」

監督にもそれぞれスタイルがあるという話があったが、長く務めてきたことによって、野球部長にもそれぞれのスタイルがあるように感じているという。

「かつての横浜高校（神奈川）の渡辺（元智）監督と小倉（清一郎）部長は年齢も同じですし、パートナーという感じですよね。渡辺監督が精神的なことを指導して、小倉部長が技術的なことを指導する。そういうすみ分けがしっかりされていると思います。日大三高の三木（有造）先生なんかは若手のコーチという印象が強いですよね。最初は選手にとって兄貴的な存在だったと思います。今では選手とだいぶ年齢も離れてきましたけど、小倉監督よりはだいぶ若いので監督と選手の間に入るようなことは多いんじゃないですかね。自分も若いときはそんな感じでしたけど、今は監督の方が圧倒的に若い。だからその若さをうまく生かしてもらうために、うまくサポートするような役回りが大事かなと思ったりしますね」

結果を出せば出すほど注目が集まると同時に仕事が増えるのも世の常である。チームを指導する小針監督も２０１６年夏に甲子園優勝監督となったこともあり、２０１８年、２０１９年と連続して夏の甲子園後には侍ジャパン高校代表でコーチを任せられていた。

監督不在のときにチームをどう指導するかということも部長にとって重要なことである。

「2018年、2019年の2年間は、新チームになって秋の大会が始まるまでの3週間くらい監督が不在という状況でした。私の場合は新チームだけではなく、引退した3年生の進路も決めていかないといけない時期なんですよね。大学の練習にも参加させてもらいながら、その生徒の実力に合った進路先を見つけていく。そんなときに監督がいないというのは大きいです。ただ嘆いていても仕方ないので、コーチの馬場(匡)と二人で話し合いながら新チーム、3年生両方を見ていくという感じでしたね」

コロナ禍で迎えた2020年を終えて

2020年は新型コロナウイルス一色という1年となった。その影響は高校野球界にも当然及び、3月の選抜大会、その後の春季大会、そして5月には夏の全国高校野球選手権の中止も決定。経験豊富な岩嶋部長にとっても当然初めてのことであり、やはり残念な気持ちは強かったそうだ。

「最初に中止と聞いた時はまだ5月20日ということもあって、なんとかまだできる方法はないのかなというのが率直な感想でした。特に2020年のチームは秋に勝てなかったこともあって、夏は絶対に優勝するという気持ちで冬場厳しいトレーニングを積んできていましたから。その一番の目標がなくなってしまったので、生徒たちも相当落ち込んでいましたよね。ただ野球人生がここで終わるわけではないですし、大学で続ける選手も多いですから、そこはしっかり次の目標に向けてやっていこうと。幸い本校は5月中に練習も再開できましたので、グラウンドに出てきてからは切り替えてできていたと思います」

その後、全国各地で夏の代替大会が決まり、栃木でもベスト8まではあるが独自大会が行われ、作新学院は途中で敗退することなく最後まで勝ち抜いている。しかし野球部長、そして高野連の副理事長としては、例年とは違うグラウンド以外での苦労もあったそうだ。

「まずいつもと違うのが生徒の卒業後の進路ですよね。春の大会が中止になって、大学の監督や関係者に見ていただく機会が全然なくて、（前年）秋までの結果だけで判断してもらう必要があったのでその点は大変でした。なかなか大学側から声をかけてもらえないこともあるので、3年生には去年までうちにいた先輩が進学した先の大学を中心に、今までのつながりの中から練習会に参加したりして考えるようにという形で指導しましたね。あと夏の大会は他の地域のほとんどが優勝まで決める中で、栃木はベスト8までという形だったので、批判の声は多かったですね。我々も当然なんとかしたかったのですが、日程や会場の都合もあってどうしてもできなくて。ただこのような中でもなんとか大会ができたことは、自分にとっても連盟にとってもよい経験になったと思います」

「甲子園出場が決まるとホッとします」

激動の2020年だったが、その出来事についても落ち着いた口調で穏やかに話す様子は、あらゆる経験を乗り越えてきた強さが感じられた。ただ、監督と比べると野球部長という職は日の当たらない役割であることは間違いない。そんな中でうれしいことややりがいを感じることはどんなところにあるのだろうか。

「うれしいことは当然チームが試合に勝つことですよね。今のうちの立場からすると、みんな最低でも甲子園に出ると思って選手は入ってきますから、甲子園の出場が決まるとホッとします。あとは卒業生、ＯＢがグラウンドを訪ねてくれて、『昔はこんなことがありましたよね』みたいな話をしてくれて、それを聞くときが楽しいですかね。先ほども言いましたけど、長くいさせてもらっているからこそ、関わってきたＯＢは増えるわけですから。そのときそのときの選手の話を聞いて、こっちもあのころはそうだったよなとか振り返らせてもらっています」

長い野球部長生活で、うれしいこともあれば大変なことも多かったはずである。そんな中で辞めたいと思ったことはなかったのだろうか。

「野球部を辞めようと思ったことですか？　それはないですね～。まあ一番は野球が好きだということですかね。野球以上に好きなものはないですから。自分でこの道を選んで好きでやらせてもらっていて、ありがたいという気持ちが強いです。いつまでもできるものではないというのは分かっていますけど、体が動く間はやり続けられるといいなと思います」

県内トップの強豪校、全国的に見ても名門と言われる作新学院で30年以上の長きにわたって野球部長を務め、夏の甲子園では全国制覇も達成。高校野球に携わる者としては、なかなかこれ以上の成功を収めることは難しいだろう。これだけの実績を残してきても、まだやり残したことや今後の夢などはあるのだろうか。
「ありがたいことに甲子園には続けて出させてもらっていますけど、毎年毎年もっといいチームを作りたいな、という思いはずっとありますね。監督、コーチも感じていると思いますけど、もっとできたとか、もっとやらないといけないとか、そういうことはなくならないですよね。多少なりとも今までやってきた中で、知識や経験は積み重なってきています。そういったものを選手に伝えてどんどん成長していく、というのが理想的なんですけど、いつもうまくいくわけではありません。最後まで完成することはないと思いますし、100点もないと思っていますから、ずっとうまくいったこと、いかなかったことを繰り返しながらやっていくしかないですね」

組織を大きく変革するには『よそ者、若者、ばか者』が必要だという言葉がある。新潟出身で学校のOBではない岩嶋部長はまさによそ者であり、赴任当時は若者でもあった。部長として経験を積んだ後の2006年に、新たな若者である小針監督が赴任。そして今までの高校野球の常識とは外れた、見る人にとってはばか者とも言われかねない戦い方で54年ぶりとなる夏の甲子園優勝を手繰り寄せたのである。岩嶋部長にとっては学校に赴任して30年以上経ってからの快挙ということもあって、その達成感の大きさは相当なものだったろう。

しかし、今回の話から伝わってきたのはそのような達成感よりも、まだまだよいチーム、よい組織を作りたいという欲求だった。そしてその欲求を前面に出すのではなく、選手と監督がいかに試合、練習に集中できるかを常に考えているということが言葉の端々から感じられた。「小針は（監督として）まだまだこれから全盛期を迎えると思いますよ」という言葉もあったが、自分の教え子でもある年齢の離れた監督に対してこのような発言ができることにも、岩嶋部長の器の大きさと人柄が表れている。そんな岩嶋部長によって支えられた作新学院が作る新たな歴史はまだまだ続いていくことだろう。

教え子でもある小針崇宏監督（左）を部長として支え、
2016年には夏の甲子園優勝を果たした

第3章

葛原美峰

海星（三重）
アドバイザー

高校野球界の軍師官兵衛

取材・文＝大利実

[プロフィール]

くずはら・よしたか

1956年7月13日生まれ。三重県四日市市出身。東邦高－国士舘大。現役時代は捕手。大学卒業後、東邦高のコーチを務めたあと、杜若高の監督に就任し、愛知が誇る私学四強に挑んだ。長男の四日市工高入学とともに、外部指導者になり、4年間で4度の甲子園出場。2007年からは強化を図り始めた健大高崎高（群馬）のサポートに就き、『機動破壊』をチームに浸透させ春夏計6度の甲子園出場に貢献。19年春に地元に戻り、同年5月に海星高のアドバイザーに就任した。座右の銘は『唯一無比』。

『機動破壊』の生みの親は黒田官兵衛を尊敬する名参謀

葛原美峰──。

この名前にピンと来る人は、相当な高校野球好きであろう。「美しい峰」と書いて、「よしたか」と読む。1956年、三重県四日市市の生まれ。作曲家だった父が、鈴鹿山脈の美しい連峰から着想を得て名付けたそうだ。

愛知の名門・東邦高から国士舘大に進学。卒業後、東邦のコーチを1年務めたあと、愛知・杜若《とじゃく》高の教員となり、監督を14年間務めた。野球部を離れたあとは、杜若の教員を続けながら、監督を支える参謀として力を発揮してきた。そのため、周りの指導者や選手からは「葛原先生」と呼ばれることが多い（本章でも「先生」の敬称で進めていきたい）。

1998年から2001年まで三重・四日市工の外部指導者を務め、1999年夏に8年ぶりに三重大会を制するなど、4年間で4度の甲子園出場。2007年からは群馬・健大高崎高のアドバイザーに就き、2011年夏の初出場を皮切りに、春夏6度の甲子園出場を成し遂げた。全国的に有名になった『機動破壊』は葛原先生の造語であり、走塁を指導していた長男・葛原毅コーチ（当時）とともに、チームに浸透させた。「機動破壊の生みの親」と言っていい。

2019年3月に健大高崎を離れると、同年5月からは三重・海星高のアドバイザーに就任。3カ月後の夏に10年ぶりの県大会決勝進出、さらに2020年秋には東海大会ベスト8に食い込んだ。

海星は春夏計13度の甲子園出場を誇る伝統校であるが、1999年春を最後に聖地から遠ざかっている。高校野球の世界で言えば、そろそろ「古豪」と呼ばれてもおかしくない立場だ。

それでも、完全に低迷しているわけではなく、葛原先生が就任する以前にも、2015年夏県大会ベスト4、2015年秋東海大会ベスト4、2016年夏県大会ベスト4、2016年秋東海大会ベスト8、2018年夏県大会ベスト4と、甲子園が見えるところまでは勝ち進んでいる。あと少し、あと一歩……、OBや関係者からすると、もどかしい戦いが続く。そこで、白羽の矢が立ったのが葛原先生だった。

２０２０年冬、近鉄四日市駅まで迎えにきてくれた葛原先生の表情は明るく、充実した日々を送っていることが伝わってきた。

「毎日ワクワクしていますよ。面白いチームになってきています。寮も増えて、２０２１年には県外生を含めて40人の1年生が入学してくれます。私の性格上、畑を耕して、種を撒《ま》いて、水をやってという工程が一番好きなところです。海星はまさにその段階。環境作りから始めています」

健大高崎に続くアドバイザーとなるが、どんな立ち位置を担うのか。

「理想は、『懐刀』ですね。あるいは、『作戦参謀』。目立ち過ぎてはいけない。ユニフォームを着て表に出ることはないですけど、いざというときには、刺しにいく覚悟も持っています」

「好きな軍師や参謀はいるんですか？」と尋ねると、「黒田官兵衛ですね」と即答した。

戦国時代に、織田信長や豊臣秀吉の信頼を得て、秀吉を天下人に導いた歴史に残る軍師だ。戦況を読む力に長け、官兵衛の存在なくして秀吉の天下統一はなかったとも言われる。野心家の顔もあり、関ヶ原の戦いで勝利した嫡男・黒田長政が総大将の徳川家康と握手をしたと聞いた際には、「家康が押しいただいたのは、そなたの左手であったか、右手であったのか?」と問い、「右手でした」と答えると、「では、そのとき、そなたのもう一方の手(左手)は何をしていたのか?」と重ねて問うたエピソードが残る。諸説あるが、懐刀に徹していた官兵衛にも天下統一の欲があったと考えられている。

「官兵衛は、知的ですよね。頭がいい。懐刀でありながらも、勝負をかけるところはかけにいく。私は何をするにしても、浅はかなこと、無知なこと、心を持たないこと、感性がないことが嫌いなんです。官兵衛はそれらを持っている。これは選手にもよく言っています。『浅はかなプレーをするなよ』と」

采配も同じだ。「勝てない監督ほどエンドランを好む」とスパッと斬る。そこにどんな根拠があるのか。「決まってくれたらいいな」という願望だけでは、一か八かの作戦になる。

継投にしてもそうだ。拙著『高校野球継投論』(竹書房刊)でたっぷりと語ってもらったが、ヒットを打たれてから代えることなら誰にでもできること。何を根拠に、継投を決断するのか。例えば、「左対左のときは、外のスライダーを引っ張られるようになったら終わり。ヒットが出ていなくても、交代期と思った方がいい」と、一定の基準を持つ。指揮官が浅はかな戦いをしていては、勝利が遠のくのは当然のことだ。

葛原先生は、自身の野球を「蟻の一穴」と表現する。どんな強者であっても、隙はある。しかも、戦うのは高校生。精神的にも技術的にも不安定なところがあり、一つのミス、一つのボタンの掛け違いから、ずるずると崩れていく。ドラフト候補がいるから勝つわけではなく、いないから負けるわけでもない。

「私の仕事は、チームを勝たせることです。それができなければ、自分のいる意味がありませんから。そのためには、いろんな手を使って、監督の考えを変えることも必要になります。選手ではなく、監督の考えを変える。タイムをかけるべきところでかけられるか、策を仕掛けるべきところで仕掛けられるか。私はベンチに入るわけではありませんから、監督がここぞのタイミングで準備してきた引き出しを引けるか。〝以心伝心〟の域にまでいけたら、最高ですね」

象徴的なシーンが、2017年選抜2回戦、健大高崎が福井工大福井（福井）戦で見せたサインプレーだろう。1点を追う9回裏、2アウト二、三塁の場面で、二塁ランナーがわざと大きなリードを取り、ピッチャーが二塁に牽制《けんせい》する瞬間を狙って、三塁ランナーがホームを陥れた。初球、打者の空振りを見た青柳博文監督が、「この二人のランナーなら、サインプレーを狙える。本盗に賭けた方が得点の確率が高い」と読んだ。葛原先生が仕込んでいた技を信じて、敗戦が目の前に迫った土壇場で勝負を仕掛けた。

勝てるチームを作るために、どんな策を練り、実行に移しているのか。これまでの指導者人生を振り返りながら、新天地・海星での取り組みを追っていきたい。

土佐高校の全力疾走に憧れていた杜若時代

学生時代はプロ野球選手になるのが夢だったが、入団テストに落ち、大学4年からは別の世界に身を置くようになった。

その世界とは、芸能界である。叔父（竹部董《ただし》氏＝現在、健大高崎のトレーニングを担当）が振付師、実兄がジャッキー吉川とブルーコメッツのマネージャーとして芸能界で活躍していた影響を受けた。

野球との距離が遠ざかったかと思いきや、そうではない。むしろ、芸能界に進んだことが、野球との距離を近づけてくれた。1978年（大学4年時）にフジテレビが女子野球チーム「ニューヤンキース」を立ち上げることになり、これまでの野球経験が評価され、コーチに抜擢された。監督には「青バット」で有名な大下弘氏が就いた。

そして、ほぼ同時期に、大下監督が運営する「大下弘野球学校」のコーチを頼まれ、野球にどっぷりと浸かることになった。コーチには関根潤三氏や吉田義男氏ほか名だたる元プロ野球選手が名を連ね、さまざまな考え方や技術論を積極的に聞き、のちの指導に生かしていった。プロの世界を諦めた人間が、全く別の世界で元プロ野球選手と関わり合う。人生とは、何が起きるか分からないものだ。

多くの偉大な名選手たちから教わったことは、忘れないようにノートに書き留めた。「メモ魔」と言っていいぐらい、気づいたこと、感じたことがあれば、文字に残すクセがあったのだ。

「高校に入学した15歳のときから、〝空白の1日〟はありません。その日に何をしていたかは、ノートを読み返せばすべて書いてあります。今も毎日書いています」

とんでもないことをサラッと口にした。名選手たちの教えは、40年以上も前のことであるが、今の野球にも通ずる金言が残る。

「バッティングを型にはめたらダメ。バッターボックスには、人それぞれの世界があ

る」（大下弘氏／元西鉄など）
「グリップを絞らずに極限まで引き付け、フォロースルーを長くして打て」（元ニューヨーク・ヤンキース／ジョー・ディマジオ／特別講師として来日）
「投手は育てられるものではなく育つもの。指導者が『育てた』というのは、おこがましい言い方だよ」（元大洋／秋山登氏）
「スローイングの基本はサイドスロー」「うまくなるためには、足を使って、投げるために捕ればいい」（元巨人／広岡達郎氏）
大学4年生の青年にとっては、ぜいたく過ぎる日々だったはずだ。後楽園球場でディマジオに会ったときには、緊張で喉が渇き、ヒザがガタガタ震えていたという。
この翌年（1979年）、母校・東邦のコーチとなり、高校野球における指導者人生がスタートした。1年間のコーチ修行を経て、杜若の監督に就くときには、恩師・阪口慶三監督（大垣日大高監督）から「甲子園に行きたかったら、二塁から三塁へ盗塁をさせろ」という餞別《せんべつ》の言葉をもらった。まだ腑《ふ》に落ちる言葉ではなかったが、のちにその意味を深く実感することになる。

14年間（1980年から1993年）率いた杜若では、1988年夏のベスト4が最高成績。東邦、中京、愛工大名電、享栄の「私学四強」のカベは分厚く、激戦の愛知を勝ち抜くことはできなかった。「今から思えば、野球のことを何も分かっていない。全くの素人監督。恥ずかしいぐらいですよ。根性があればすべていけると思っていました。甲子園に行けなかったので、実質クビです」と自嘲気味に笑う。

強烈なエピソードはいくつも残っている。阪口監督とのつながりで、山下智茂監督（星稜高野球部名誉監督）が率いていた星稜高と練習試合をしたことがあった。1984年4月22日のことだ。「空白の1日はない」と言い切る通り、ノートに克明に記録している。葛原先生の言葉を借りれば、「散々な試合をして、もう二度とやってもらえないと思った」という内容だったが、月曜日の朝に学校に行くと、山下監督から職員室に電話がかかってきた。

「お宅のチームは高校野球の手本みたいなチームだった。頼むから、毎年やってもらえんかね」

体が震えるほどうれしい言葉だった。

なぜなら、ずっと山下監督に会いたいと思っていたからだ。球史に残る激闘、星稜対箕島の延長18回（1979年夏の甲子園）で、今も脳裏に残る光景がある。敗戦後、エースの堅田外司昭が黙々とバットを片付ける傍らで、無言でバットケースを持って手伝う山下監督の姿がテレビに映し出された。言葉を交わさぬ二人の間に、深い人間模様を感じたという。どんな指導をされているのか、気になっていた。

「まだ実績も何もない人間に、『毎年やってもらえんかね』と言える人柄と人間の大きさに感銘を受けました。その言葉で、私は山下監督の信者になりましたね」

では、何が山下監督の琴線に触れたのだろうか。

「あのころは、土佐高校の野球に憧れていて、ピッチャーでも誰でも全力で走ることを徹底していました。それがだんだんエスカレートして、守備に就くときにもベンチに戻るときにも、ヘッドスライディングするようになったんです。フォアボールで出塁したときにも、一塁に頭から滑り込む。『うちみたいに下手くそで何もないチームは、一生懸命やったという形で見せなきゃいけない！』と活を入れながら、どんなことも全力でやる。今なら、一塁へのヘッドスライディングは減速するのでタブーですけどね」

まだ20代、血気盛んなころだ。日付が変わるまで練習することもあった。全体ランニングでは「野蛮な声を出して、百姓一揆に臨むような雰囲気を作り上げていた」と苦笑いを浮かべる。

野球の面では、隙を突く「隠し球」を仕込んだ。

「学力が高い学校ではなかったので、『頭を使って野球をする』という意味で、隠し球を教えました。多いときは年間で30個、アウトを取っています。ボールを持たない投手が、投手板につくか、またぐか、あるいは投球に関連した動作をしたときにボークを宣告される。逆に言えば、その動作をしなければ、ボークにはならないわけです。隠し球を決めると、怒る監督もいれば、『見事！』と褒めてくれる監督もいて、面白かったですね。とにかく、目が開いている時間は、野球のことを考えていました」

杜若の後半には、足を使ってかく乱する戦いを取り入れ始め、『機動破壊』というワードも頭に浮かんでいたという。阪口監督からの「甲子園に行きたかったら、二塁から三塁へ盗塁をさせろ」の意味も分かり始めていた。力のないチームががっぷり四つで組んだところで、強者を倒すことはできない。いかに足をすくうか。データ分析にも興味が湧き始めていた。

「一流遠征」で意識改革をはかった四日市工時代

監督退任後、しばらくの充電期間を経て県外の学校からオファーが届いた。1998年春、長男が四日市工に入学すると、旧知の間柄であり、ライバル関係でもあった尾﨑英也監督（いなべ総合学園高監督）から「保護者会の仕事として、ネット裏から試合を分析してほしい」と依頼を受けたのだ。保護者の一人として、応援席に座っているだけではあまりにもったいない。当時は杜若の教員であったが、野球部の指導にはタッチしていなかったこともあり、保護者会の承認を得てからチームに関わることになった。

まず取り組んだのは、コンディショニングだ。充電期間中に愛知県知多郡にあるスポーツ医・科学研究所で学んだ経験があり、アイシングやマッサージ、テーピングの知識を持っていた。体に触れることによって、選手とのコミュニケーションをはかった。

さらに、コンピュータの知識も有していたため、練習試合からピッチャーの配球や打球傾向など、さまざまな情報を入力し、データ化。オフシーズンに入るときには『自チームの戦力分析冊子――敵を知る前に我を知る――』と題した資料を各選手に配布し、チームの強みと弱みを客観的に伝えた。今はデータを分析するアプリを簡単に手に入れることができるが、当時はまだそんな時代ではない。他校が取り入れるよりも早く、データ分析に着手していた。

チーム、そして保護者の信頼を得ていく中で、B戦を任せられるようになり、のちの『機動破壊』につながる走塁を浸透させ、Aチームも実践するようになった。

当時、三重県で黄金時代を築いていたのが海星だ。1989年から1998年までの10年間で、夏の三重大会を6度制覇していた。

3年生が引退し、次の代に変わったときには、葛原先生が中心になった「打倒・海星、大プロジェクト」を立ち上げた。何をやったかと言えば、「一流遠征」だ。夏休みに関東遠征を組み、東京、千葉、埼玉、神奈川の優勝経験のある強豪と戦った。さらに、保護者の宿泊先は横浜ロイヤルパークホテルに決め、一流ホテルに泊まった。

「海星に勝つには、一流を知らないといけない。何でも一番のことをやってみる。なぜ、ロイヤルパークホテルかというと、ランドマークタワーの高層階にあって、『日本で一番空に近いホテル』とも言われている。それに、電話番号の下4桁も、もちろん111

1。何でも一番にこだわる。夜は保護者全員で、中華街でご飯を食べたんですけど、わざわざ船に乗って、山下公園で降りてから中華街に。タクシーを使えば5分で着きます。でもそれじゃあ、面白くないでしょう」

その翌年の11月には、四日市工では初めてとなる沖縄遠征を実施した。これも、葛原先生の発案で、試合相手もマッチングした。現地では沖縄水産の栽義弘監督（当時）にお願いして、激励の言葉ももらった。このあたりも用意周到だ。

「勝つチームになるには、モノの見方を変えていかなければいけません。『ここまでやるの？』ということを、当たり前にしていくこと。一流を知る遠征はその取っ掛かりです。いきなり大きな変革をしても、付いてこられないので、まずは取っ掛かりが大事。やってみれば、『良かった』と思ってもらえる自信はありますから。私がよく使うのが、『だまされたと思ってやってくれませんか？』という言葉です。私の十八番。これで、たいていのことはうまくいきます。『葛原先生、やってみて良かったわ』と言ってくれますね」

翌夏、県大会の決勝で海星を4対3の逆転サヨナラで破り、8年ぶりに甲子園の切符をつかみ取った。0対3の劣勢から9回裏に4点をもぎ取る劇的な展開で、王者・海星を下した。

ここから快進撃が始まり、1999年秋には明治神宮大会制覇、2000年選抜大会出場、2001年春夏甲子園出場と、四日市工は黄金期を迎えた。2001年のエースは、コーナーワークが特長の安田雄一。記念冊子『飛翔　MILLENNIUMから新世紀』（2002年4月発行／発行人・葛原美峰）に、印象深い言葉が記されている。

「最後の夏の大会においては、正念場の準決勝・菰野、決勝・三重と今までの集大成と呼ぶべく頭脳的な投球を見せ、春に続いての甲子園を手中に収めました。新チーム結成以来、私が安田投手に求め続けていた〝投手〟から〝頭手〟への完成を見た瞬間でした」

球速があるから抑えられるわけではない。いかに頭を使って、相手の弱点を突いていくか。葛原先生が求めている投手像を、この一文から読み取ることができる。

健大高崎・青柳博文監督に送った一通の手紙

２００７年、長男・毅氏が健大高崎のコーチに就任したことによって、それまでつながりのなかった群馬の新興私学との縁が生まれた。２００３年に県高野連に加盟したばかりの若いチームだが、２００６年秋に群馬大会準優勝、その翌春には専用球場が完成し、勢いに乗っていた。

「『毅をよろしくお願いします』と挨拶《あいさつ》するために、青柳監督に初めて会ったのが、聖望学園（埼玉）のグラウンドでした。そのときに、すぐに東海遠征を提案しました。強くなるには、強い相手と試合をしなければいけませんから」

青柳監督は「強いところばかり……」と二の足を踏んだが、翌朝、「葛原先生、やっぱりお願いできますか」と連絡が入った。

「聖望の岡本（幹成）監督や、一緒に練習試合をしていた横浜隼人（神奈川）の水谷（哲也）監督が、『やらんでどうするんや！』と後押ししてくれたみたいです。じつは、青柳監督息子を健大高崎に紹介してくれたのが岡本監督と水谷監督なんです。二人は、青柳監督に『毅はどんなもんか知らんけど、親父は使える。毅を獲れば、もれなく親父も付いてくるから』と言っていたみたいです。『もれなく』という言い方が、あの二人らしいなと思いますね」

夏休みに実現した東海遠征で、最初に戦ったのが海星だった。海星には、何かと縁がある。さらに東邦、中京大中京、愛工大名電とマッチメイクをした。

健大高崎にとって、大きな転機となったのが2010年夏の準決勝での敗退だ。前橋工に延長10回0対1で惜敗。打線に絶対の自信を持ち、この試合でも何度もチャンスをつかみながらも、あと一本が出なかった。送りバントで形を作っても、ホームベースが遠い。個々の能力では勝っていたが、勝利を逃した。

ネット裏で見ていた葛原先生は試合後、青柳監督に手紙を書いた。チームをサポートするようになってから、初めての手紙。1対1で話をするよりも、文字に想いを込めた方が伝わりやすいと考え、感じたことをストレートに言葉にした。

「今のままの野球では甲子園には行けません。チャンスは作っても得点が入らない、手詰まりの野球。1点も取れないのは監督の責任です。もし、私の意見が面白くないのなら、解任でも構いません。遠慮せずに、私を切ってください」

覚悟を決めた上での進言。組織のトップにいるのは監督であり、試合の采配を振るのも監督であることを、十分に理解した上での行動だった。

手紙を読んだ青柳監督から、すぐに反応があった。

「葛原先生、ぜひ勝てる野球を教えてください」

これを機に、健大高崎の戦い方が180度変わった。もともと、Bチームを担当していた（葛原）毅コーチが足を前面に押し出した戦いを見せていたのだが、それをAチームにも導入。四日市工時代から親子で野球をやってきているだけに、父がどんな野球をやりたいのかは十分に分かっている。

「料理で言えば、私が得意にしているのはメニュー作り、レシピ作りです。それを調理していくのがコーチになります」

青柳監督には継投のタイミングや、足を使う攻撃の有効性、タイムを取ることの大事さなどを丁寧に伝え、勝つ野球を伝授した。

結果はすぐに出た。翌2011年夏の群馬大会で、6試合で28盗塁の大会記録を打ち立て、初めて甲子園に出場。同年秋には関東大会ベスト4で、初の選抜大会出場を手中に収めた。ここで、葛原先生は今までずっと温めていた『機動破壊』をチームの旗印として掲げるようになった。青柳監督は取材を受けるたびに、この四文字を意識的に使い、「健大高崎＝機動破壊」を巧みにアピールした。

かつて、葛原先生からもらった資料の中に、『機動破壊』の意味を自ら解説しているページがある。分かりやすくまとめられているので、紹介したい。

「なぜ、機動破壊という造語を旗印にしたのか？」

一つは、言葉の持つ「力」からである。人を惹《ひ》きつける言葉には、『衝撃』と『神秘性』が混在している方が、効果がある。最初に目にしたときの『インパクト』に続き、耳に残るミステリアスな響きに、人はさまざまな「イマジネーション」を駆り立てられて、自らを高揚させる。「視覚」と「聴覚」に依存する言葉には『魔力』がある。

そして、『魔力』を「旗印」に掲げることにより、相手は勝手な先入観を抱くことになる。そうなれば、必然的に見えない敵とも戦わねばならない。心理戦を展開する上においては、絶好のアイテムとなると考えたからである。

もともと、チームの力を示す表現としては、「機動力」「破壊力」、他にも「投手力」「守備力」「攻撃力」といった野球用語は存在していた。しかし、「機動力」から描くイメージは、「盗塁」と「ヒットエンドラン」以外に思い浮かばない。「破壊力」に関してはバッティングの力量がすべてであろう。

健大高崎の目指した野球はそうではなかった。もちろん、盗塁の占める領域は存在するのだが、それは100パーセントの中の30パーセント程度の比重である。健大高崎が思い描いたものは、記録に残らない走塁を駆使した心理戦であり、常に「プレッシャー」という「波状攻撃」を仕掛けることで、徐々に相手を追い詰めて崩していき、最終的に「破壊」することであった。

なので、盗塁をしないという「機動破壊」も存在する。盗塁を過剰に意識させることで、四死球を奪い、コントロールを甘くさせて、打者に打ちやすい状況を提供する。そして投手や野手、さらにはベンチにまでも動揺を誘って、破綻させることが骨子である。

「機動破壊」という表現は、走ることによって「木端微塵《みじん》」に粉砕することを連想させてしまうが、じつはそうではない。健大高崎が描いている「破壊」とは、浜辺に作った「砂の城」が、何度も何度も打ち寄せる波に「浸食」され、徐々に崩されていく様なのである。

言葉の力によって、相手が勝手に足を警戒してくれればしめたものだ。牽制の数が増えれば増えるほど、牽制のクセを読みやすくなり、打者に対する集中力も欠けていく。「走られたくない」と思えば、外のストレートの割合が増え、狙い球を絞りやすい。

こうした『機動破壊』を支えるのが、葛原先生によるデータ分析だ。多くの学校はメンバー外の部員が「データ班」を作り、対戦校を分析するが、健大高崎では葛原先生がすべてを担当する。分析の確かさを物語るのが、「春夏6度の甲子園で初戦敗退はゼロ」という結果だ。相手投手の球種や牽制のクセ、キャッチャーの構え方によるクセを、ほぼ完璧と言えるぐらいまで調べ上げた。

例えば、2012年春、選抜大会の初戦で天理を9対3で下したときには、キャッチャーの構えから牽制の有無を見破り、7盗塁を決めた。バッテリーがサイン交換を終えたあと、「ミットを構えたときは投球」「ミットを下げて、構えていないときは牽制」という違いが出ていたのだ。キャッチャーが一塁牽制のサインを出しているため、投球がないときには、無意識のうちにミットが下がる。映像で見ると明らかだが〝観察眼〟を持っていなければ気づけないだろう。

同時に、自校の分析にも時間をかけた。葛原先生の発案で、2010年から毎年12月に1週間にわたる沖縄キャンプを実施するようになった。初日には葛原先生による3時間のミーティングが開かれる。そこに向けて、『健大データファクトリー』と題した130ページにも及ぶ資料を作成し、全選手に配布。OPS、WHIP、K／BBなど、セイバーメトリクスの指標から、チームの現在地を客観的に見せ、春から夏に向けてやるべきことを明確に提示した。

また、この沖縄キャンプ中には、葛原先生がバスを運転して、選手の家族を対象にした「沖縄観光ツアー」を実施。最初のころは、数えるほどしか来ていなかった家族も、回数を重ねるごとに人数が増え、葛原先生の最終年には100人を超える家族が沖縄に訪れていたという。

「はじめは、『なんでわざわざ沖縄に？』という反応でしたけど、私の十八番である

『だまされたと思ってやってみませんか？』です。実際にやってみたら良いことがいっぱいあるんですよ」

それなりのお金はかかるが、お金をかけた以上に実りあるキャンプにする自信はある。それに、学校で普通に練習しているだけでは、甲子園で勝てるチームは作れない。

なお……、２０１７年3月に定年退職を迎えるまでは、杜若の教員を続けていた。金曜日の授業を終えたあと、愛知から片道５００キロかけて、愛車で健大高崎へ。金曜の夜間練習、土日の練習・試合を見て、月曜の朝3時に高崎を出る生活を10年近く続けた。話を聞いているだけで、「大変ですね……」と言葉が出てしまうのだが、葛原先生は穏やかな笑みでこう語った。

「楽しくてしょうがなかったです。車の中が一番、野球のアイデアが浮かぶんですよ。５００キロ走っていても、『あ、もう着いたのか』と感じることばかりでした」

若いころも今も、野球にかける情熱はまったく変わっていない。

新天地・海星では得点の防ぎ方&取り方から伝授

２０１９年春、地元の四日市に戻ってから春の三重県大会に足を運んだ。お目当ては、海星高校。森下晃理監督、服部芳尚教頭兼副部長とともに、健大高崎の沖縄キャンプに5年連続で参加していた縁があり、どんな野球をやっているのか、自分の目で確かめてきたかったのだ。

4月14日に行われた県大会2回戦、海星対津田学園。近年の実績や勢いでは津田学園に分があり、1カ月前の選抜大会にも出場していた。試合は序盤から1点を争う展開となり、7回まで0対2の接戦だったが、8回表に一気に11点を失い、8回コールド0対13で敗れた。

試合後、葛原先生は服部副部長に連絡を入れた。

「一度、森下監督と話をさせてもらえませんか?」

服部副部長のはからいによって、夜に食事会が開かれることになった。思ったこと感じたことをオブラートに包むことなく、森下監督にぶつけた。

「やることはやったよな？　三盗も仕掛けていた。でも、手詰まりだよな。手詰まり感がある。序盤にやれることが、中盤以降にやれなくなって、打つしかない状況になっていた。最初に手の内を明かすから、勝負所では警戒されて動けない。正直、健大と似ているようで、似て非なる野球になっている。『打つしかない』っていうのは、『打つ手なし』と同じことなんだよ」

きつい言い方をしたが、森下監督は「どういうことですか？　教えてください」と興味を示してきた。指揮官は、当時のやり取りを昨日のことのように振り返る。

「沖縄キャンプに参加させてもらって、健大高崎の野球を取り入れるようになっていたんですけど、どこかで限界を感じていました。何かが違う。いいところまで行っても、最後のところで勝てない。津田学園に負けたあと、葛原先生に『手詰まり感』と言われたのが、ものすごく心に響いて。確かに、手詰まり感がありました」

森下監督は海星の内野手として甲子園に3度出場し、立命館大、西濃運輸でプレーしたのち、２００７年に母校の監督に就いた。健大高崎とは毎年のように練習試合を組み、はじめは海星が勝っていたが、すぐに力関係が逆転。『機動破壊』に魅せられ、沖縄にまで学びに行くようになった経緯がある。「本来は、自分で何でもやりたいタイプ」と話すが、今までと同じことをやっていても同じ結果になるだけ。葛原先生のサポートを受けることを決断した。

指導期間は5月上旬から夏の大会まで、週2～3日。日数にすれば、約30日だ。指導初日の5月16日。暗示をかける意味も込めて、葛原先生はミーティングで前向きな話をした。

「俺が来たら、絶対に甲子園に絡む。ここ5年間（2014年～2018年）、健大高崎では夏の県大会の決勝しか経験していない。だから、優勝に絡まないことはありえないから」

ただ、「甲子園に連れていく」とは言えなかった。春の大会で見た津田学園の右腕・前佑囲斗（オリックス）のピッチングが予想以上にレベルが高く、現状では攻略するのは難しいと思えたからだ。それでもなんとか甲子園が見えるところまでは持っていきたい。それが秋以降の戦いに必ずつながると考えていた。

精神面も技術面も環境面も、気になるところはいくつもあったが、やるべきことを一つずつ実行していった。

練習ではアウトの取り方、得点の取り方を伝授。能力がさほどなくても、勝てることを教えたかったからだ。初日、葛原先生のノートにはこんなメモが残されている。

■1死二塁の単打ディフェンス
・レフト前ヒット→三塁オーバーラン殺し（6C）
・センター前ヒット→三塁オーバーラン殺し（5C）
・ライト前ヒット→一塁オーバーラン殺し（1A）
※Aは一塁、Bは二塁、Cは三塁を意味する。6C＝ショートが三塁ベースカバーに入るという意

二塁走者が三塁で止まる打球の際、外野手はカットマンに返すことが刷り込まれているが、オーバーランを刺すチャンスはいくらでもある。レフト前ヒットならレフト→ショート（三塁ベースカバー）、センター前ヒットはセンター→サード、ライト前ヒットはライト→ピッチャー（一塁ベースカバー／本塁バックアップはサードが入る）と送球することで、アウトを狙える。

4回目の練習では、ノートに「小判ザメ」の文字。葛原先生が得意にする足技だ。走者二、三塁時でスクイズを空振りしたり、外されたり、あるいは内野ゴロで挟殺プレーが始まったりした際、三塁走者が三本間でアウトになる間に、後ろの二塁走者が本塁を狙うプレーである。三塁走者は犠牲になる代わりに、確実に1点を奪う。

攻撃の目的は得点を取ること。ヒットが3本続いても、得点が入らなければ意味がない。ノーヒットでも、得点を取る方法はいくらでもあるわけだ。

「『自分のバッティングをしたい』という選手が多くいました。強く振りたい、フルスイングをしたい。例えば、2アウト三塁、1点取ればサヨナラ勝ちの場面で、長打を狙うようなフルスイングをしたって仕方がないわけです。一番短いヒットで勝てる。どうすれば高い確率で得点が入るのか。練習試合や紅白戦では、打たない練習をさせました。『2ストライクまで打つな』『1打席で5球投げさせろ』『2ストライクのあと2球ファウルで粘れたらOK』。選手は面白くなかったと思いますけど、試合で勝つにはこういうことが必要なんです。逆にわざと点を取られる練習もしました。5対0の展開であれば、5対4で勝つ。フォアボールやエラーはせずに、4点を失う練習をする。最後に1点勝っていればいいのです」

練習を進めていく中で、気になることがあった。技術面ではなく、メンタル面に関わることだ。何かミスが起きても、悔しがらない。淡々と次のプレーに入っていく。それに対して、周りから厳しい声が飛ぶこともなかった。

「最初は怒るのではなくて、『なんで悔しがらないの？　俺に教えてくれないか』というスタンスで聞いていました。〝ドンマイ野球〟なんですよね。ミスを許してしまう。『今のプレーを健大でやったら、もう次はないよ。みんなから集中砲火を浴びるぞ。なんで今のミスを許すの？　ピッチャーが死にモノ狂いで投げた一球じゃないの？　あんなプレーをされて、お前は平気なのか？』。最初はポカンとして、聞いていましたね」

「健大だったら……」「健大の場合は……」というワードを、あえて言葉にした。海星の選手が嫌がるのは分かった上でのことだ。

「これは、監督にも言いました。『俺が、健大、健大と言うのは面白くないかもしれないけど、俺が海星に長くいたら見る目が鈍ってくる。だから、健大に比べて、〝なんだこのプレーは？〟と思える感覚があるうちに、徹底的に比べるから。俺の目が生きているうちが勝負になる』。これを言い続けることが、私の役目だと思うのです」

チームの中で、「甲子園基準」を知っているのは葛原先生しかいない。

森下晃理監督に伝授した試合の戦い方

監督が変わらなければ、チームは変わらない。

それが参謀・葛原先生の考えであるが、森下監督にはどのようなアプローチを仕掛けたのか。

「森下監督に最初にプレゼントしたのが、3カ月先までの予定が書き込めるホワイトボードです。健大は2カ月先だったので、健大の上を行けるように3カ月先まで。間違いなく言えることですが、甲子園に行くような強豪校は、先の予定がびっしり詰まっています。取材が多く、スカウトや大学関係者などの来客も多い。見られることによって、選手は成長していきます」

取材当日、監督室に掛けられていたホワイトボードを見たが、まだまだ空白が多かった。こうしたところから、監督の意識を変えていく。

「森下監督は野球で勝とうとしていました。でも、野球以前にも大事なことがたくさんある。甲子園から招かれるような、環境であり、取り組みをしているかどうか。整えられた環境、気力、根性の上に、野球の技術が乗っかってくるのです」

例えば、挨拶。葛原先生が赴任した当初は、選手全員が集まってから一斉に挨拶するのが伝統になっていた。

「目と目が合ったときに挨拶をすればいいわけです。全員を待つ必要なんてない。伝統校だからなのか、儀式が多く残っている。『こんちわ！』のように略した挨拶が多い。『〝に〟はどこにいったんだ？』とグチグチ言っていましたね」

杜若の教員をしているときには、進路指導を担当していた。「東京の一流ホテルでも通用するマナーを身につけよう」と、挨拶やおもてなしの心を生徒に伝えていた。このときの経験が、野球の指導にも大きく生きているという。

環境整備にも力を入れた。自らファウルゾーンの草取りをして、選手には「自分が守るポジションは、責任を持ってグラウンド整備するように」と声をかけた。他人に任せるものではない。

「茶道でも武道でも、きちっとしたきれいな環境が整うことで、気持ちが落ち着いて、戦いに臨むことができるわけです。雑然としたところで戦って、力を出せるわけがありません」

草取りをしていく中で、一塁のファウルゾーンに『球魂』と書かれた石碑があることに気づいた。防球ネットに隠れ、全く目立たなくなっていたが、服部副部長に確かめると深い意味のある石碑だという。

「1989年に甲子園に行ったときのメンバーが、卒業して2年経ったときに事故で亡くなってしまいました。亡くなった選手の想いとともに、海星野球部の精神を継承していく意味を込めて、OB会によって建てられた石碑です」（服部副部長）

野球部にとって、大切な石碑である。葛原先生の提案によって、『球魂』に一礼をしてから、練習を始めるようになった。「今日の自分のプレーを見守ってください」という決意を示すためだ。OBの想いを大切にしない野球部には、良き伝統も生まれていかない。

葛原先生の指導日には、今までとは違う練習メニューが組まれた。

まず変えたのは、全選手の名前が記載された15分刻みのタイムシートをあらかじめ配り、何時何分から誰がどの練習をやるのか、誰もが分かるようにしたことだ。

「次に何をやるのかが分からない練習が、一番嫌いなんです。準備ができませんから。あらかじめ時間を決めておけば、ノックでエラーが続いたからといって、ノックが長引くこともない。ノックが長引くと、その日にやりたいテーマからずれていくことが多い。これでは意味がなくなってしまいます」

メニューで強く意識するのは、試合につながる練習であるかどうか。例えば、カットプレーの練習であれば、前にカットマン、後ろにトレーラーを置いて、カットマンのヒザより下、あるいはジャンプしなければ捕れない送球はスルーして、後ろにいるトレーラーに任せる。シートノックでよくやる練習だが、日ごろのキャッチボールの中にこれを組み込んだ。

試合の戦い方は、練習試合のときから森下監督のそばに付き、マンツーマンでアドバイスを送った。エンドランが好きな森下監督であったが、「なんで今のタイミングで仕掛けた？」と逐一聞いた。そこに根拠があればいいが、一か八かでは確率が悪過ぎる。

丹念に伝授したのが、タイムを取るタイミングだ。タイム一つで流れは変わる。分かりやすい事例が、満塁のチャンスでフルカウントになったときだ。あえて、攻撃のタイムを取る。

「ピッチャーはピンチの場面なので、早くマウンドを下りたいわけです。そこでたっぷりと時間を使って、ジッと待たせる。私の経験では9割方、押し出しを取れます」

こんなタイムもある。2アウト一、二塁、カウント2－2の場面でダブルスチールを成功させたとする。二、三塁でフルカウント。一気に攻めたくなるが、ここでもタイムを入れる。

「ダブルスチールを決められると、相手は〝やられたな〟と思うものです。その嫌な気持ちをできるだけ長く持たせる。やられた、やられた、やられた……、心の中で何度もリフレインさせるために、タイムを取って時間を作る。相手の監督が『何やってんだ！』と怒っていれば、なおのこと時間を取るべきです」

タイムの間にピッチャーの気持ちがうまく切り替わりそうな気もするが、そこは指導者の目が問われる。

「タイムの定石は、ピッチャー目線に立つことです。攻撃側であれば、タイムによって、ピッチャーが嫌がるか、あるいは切り替えられるか。守備側なら、ピッチャーが乗っているときのタイムは必要ありません」

さらに、いい意味での遊び心が大事であることを説いた。勝ちたい気持ちが強過ぎると、1回から9回まで気を張り続けてしまうが、打たれていいヒットもあれば、攻撃が三者凡退で終わっていいイニングもある。

「糸がピンと張り続けていると、どこかでブチッと切れてしまう。試合にも起承転結がある。緩めることも大事なんです。森下監督には、『甲子園は追い続けていくと逃げていく』という話もしました」

正しい取り組みをしていれば、甲子園は必ず舞い降りてくる。百戦錬磨、経験豊富な葛原先生の言葉だからこそ、説得力がある。

『唯一無二』ではなく『唯一無比』の取り組み

迎えた2019年夏の三重大会。互いに勝ち上がれば、準決勝では岡林勇希（中日）のいる菰野、決勝で好投手・前がいる津田学園と当たる組み合わせになった。

海星は初戦から順調に勝ち上がり、準決勝の相手は予想通りに菰野。140キロ台後半のストレートを持つ岡林に注目が集まっていたが、「対応できる」と読んでいた。

「岡林の生命線はスライダーです。ストレートのコントロールが不安定で、カウントが悪くなるとスライダーに頼る。それを狙っていけば攻略できると読んでいました」

菰野との対戦が決まる前から、岡林対策としてピッチングマシンを135キロのスライダーに設定して、徹底的に打ち込んだ。左バッターにはボックスの一番後ろ、かつホームベース寄りに立つことで、インコースのスライダーを投げづらくさせる指示も出していた。

しかし、試合当日の朝、葛原先生は森下監督にこんなお願いをした。

「これは完全にひらめきなんですけど、『右打者二人だけ、ストレート狙いにしてくれ』と言いました。結果、この二人がいいところでストレートを打ってくれて、得点につながった。『なぜ?』と聞かれると答えられないんですけど、こういう直感がうまくいくこともあるんです」

データを分析し、準備も万全にした上で、最後にはひらめきを信じることもある。これもまた、野球の面白いところだろう。投打がかみ合い、6対2で菰野を下した。

決勝の相手は、津田学園。試合前夜、葛原先生は森下監督に戦い方を伝授した。

「正直、勝つのは難しい。ただ覚えておいてほしい。2点ビハインドで8回に入れば、何があるか分からないぞ。だから、最後まで焦るな。絶対に勝とうとするな」

春夏連続出場を狙う津田学園の方が力は上。周囲も「津田学園が勝つだろう」と思っている。つけ入る隙があるとすれば、そこしかない。僅差で終盤まで行けば、津田学園に焦りが出るはず。

試合は理想的な展開になった。1回表に海星が2点を先制し、その後逆転されるも、粘り強く食らいつき、7回終了時で3対4。葛原先生の読みが現実になりそうな流れだった。しかし、8回裏に海星の守りが乱れ、致命的な2失点。9回表に押し出しで1点を返すも、4対6で敗れた。

翌日、なじみのすし屋で反省会を開いた。「葛原先生、あのとき、勝てる方法はあったんですか?」と尋ねてきた森下監督に、葛原先生はこんな言葉を返した。

「やれたことはあったよな。8回裏、守備固めを起用する方法があったんじゃないか?」

ミスをしたのは、いずれも守備に不安がある一方で打力のある選手だった。9回にも打順が回ってくる。セオリーで考えれば、残しておきたい。そう考えるのが普通だろう。

葛原先生が考える「守備固め」には、どんな狙いがあったのか。

「ビハインドの展開で守備を固めるのは、指導者として最上級編になります。できなくて当たり前。でも、津田学園との試合で、海星が勝つとしたら相手の自滅しかないわけです。力で勝つことはできない。1点差のまま9回に入れば、相手は必ず焦る。現に、前のコントロールが乱れて、押し出しをもらえました」

終わってしまえば、すべてがタラレバになる。でも、「こういう戦い方もあったんじゃないか」と助言できる人間がいなければ、また同じ負けを重ねることになる。

夏の準優勝によって、学校側も葛原先生の指導力を認め、正式に学校採用のアドバイザーとして就任することになった（それまでは野球部の採用だった）。

森下監督は葛原式のメニューの立て方を学び、15分刻みのスケジュールを作成。ときにはダメ出しを受けながら、ブラッシュアップをはかっている。冬には、出雲ドームを使ったキャンプを実施。もちろん、葛原先生の発案である。

2020年に入ってからは、葛原先生自ら、海星の甲子園での栄光、OBのプロ野球選手の活躍を伝えるための証書を作り、監督室やバックネット裏のスタンドに飾った。

「海星には過去の歴史を称えるものが、何一つ残っていません。だから、今の選手はOBのことも知らない。海星の伝統を無理に守ろうとする必要はないけれど、〝海星プライド〟は持ってほしい。プライドを持てるような学校でなければ、野球の結果も付いてきませんから」

最後に……、取材をしながら、ずっと疑問に感じていたことを聞いてみた。

「監督やりたくなりませんか?」

「監督をすると、私が得意とする細かいことに手が回らなくなります。その日の練習メニューも、朝5時から4時間かけて作っていますから。私の好きな言葉は『唯一無比』です。『唯一無二』ではなく『唯一無比』。比べようがないぐらい、ねちっこくやり切る。他人と同じでは勝てませんから」

今の目標はただ一つ。

「森下監督を甲子園監督にさせること。それができなければ、死んでも死にきれない。ここから3年で甲子園に必ず出場します」

その目には、甲子園に向けた道のりが確かに見えている。

森下晃理監督（右）を甲子園監督にすることが
葛原先生の現在のミッションだ

第4章

横山博英

聖光学院（福島）部長

『哲人』を支える『仕掛け屋』

取材・文＝菊地高弘

[プロフィール]

よこやま・ひろひで

1970年6月1日生まれ。東京都三鷹市で生まれ、小学3年時に千葉県柏市へ転居。茨城の土浦日大高では捕手としてプレーした。日本大時代は母校の練習を手伝い、大学卒業後、5年間土浦日大高のコーチを務める。旅行代理店勤務を経て、99年4月より聖光学院高へ赴任し部長に。同年秋より斎藤智也監督とコンビを組むようになった。2年生以下のBチームの監督を務め、夏の福島大会14連覇を成し遂げた聖光学院の底上げに貢献している。

もう一人の『名物監督』

もし、横山博英という人間がいなかったら……ということは考えますか？

そう問いかけると、斎藤智也監督は眼鏡の奥の目を真っすぐこちらに向けて、「いつも考えるよ」と答え、こう続けた。

「これまで甲子園に21回行かせてもらえたのかな。もしも横山っちゅう男がいなかったとしたら、どうなってたんだろうね……。間違いなく、（甲子園出場回数は）一ケタだろうね。何回かは行けたかもしれないけど、21回は横山がいないと成し遂げられない数字だろうね」

福島・聖光学院高校。夏の福島大会で２０１９年まで継続した13連覇は、全国の地方大会で戦後最長記録という金字塔だ。

今や甲子園常連校となった聖光学院には、斎藤智也という名物監督がいる。福島なまりの語り口で高校球児に人としてのあり方を説き、ミーティングのテーマは時に「宇宙」にまで及ぶ。壮大なスケールで語りかける姿は、まさに「哲人」を思わせる。

そして、聖光学院にはもう一人の「名物監督」がいる。登録上は「部長」だが、Bチームの監督を務める横山博英部長のことだ。

聖光学院の野球部は「A」「B」「育成」の3チームに分けて運営している。主力クラスと3年生で構成されるAチームを斎藤監督が指導し、秋の公式戦をにらみ2年生以下で構成されるBチームを横山部長が監督役に、1年生中心の育成チームを堺了コーチが指導する。

公式戦になれば横山部長もベンチに入り、斎藤監督のサポート役に回る。だが、普段の横山部長がこなす役割は、一般的な野球部長とは異なる。プロ野球で言えば、さしずめ「二軍監督」のようなものだろう。

1999年から横山部長とタッグを組み続ける斎藤監督は言う。

「結局、1＋1＝2じゃないってことだよね。俺だけ、横山だけでやっていたら、甲子園に行けたのは5回くらいだったかもしれない。でも、二人で掛け合わせて21回行ったということ。二人三脚でやって、完全分業で横山にBチームの監督を任せて、相乗効果が生まれたのは間違いないことだね」

ある野球部員が「絶対に匿名でお願いしますよ」とこちらに釘を刺した上で、こんなことを教えてくれた。

「自分たちは横山コーチ（部員は横山部長をこう呼ぶ）のことを『グリズリー』って呼んでいます。グラウンドでは怖いんですけど、サングラスのすき間から見える目がかわいいんです。それで『グリズリー』ってあだ名がついたんです」

やや厚みのある体形に、愛嬌のある顔つき。練習中に選手に厳しい声を浴びせる姿は、確かに獰猛《どうもう》さと愛らしさが共存したヒグマと重なる。打ち明けてくれた匿名部員は「ただ怖いだけの存在じゃありませんから」と笑った。

グリズリーこと、横山博英部長は２０２０年で50歳になった。取材を申し込むと、「高校野球の部長の地位を向上させたいんですよ」と快諾してくれた。

「確かに監督は勝敗を背負う重要なポストです。でも、子どもを成長させることにかけては、監督だけじゃなくスタッフがタッグになって取り組まなければいけない。監督以外の指導者も、子どもたちとの真剣勝負をしているということが少しでも伝わればうれしいですね」

斎藤監督が「哲人」なら、横山部長は「仕掛け屋」。本人も「そうありたい」と自任するアイデアマンである。完全分業で運営するスタイルも、横山部長のアイデアだった。

もともと福島には縁もゆかりもなかった。東京都三鷹市で生まれ育ち、小学3年時に千葉県柏市に転居して野球を始めた。柏市の公立中学を卒業した後、隣県である茨城の土浦日大高に進学。捕手としてプレーした。日本大では時間を見つけては母校の練習を手伝い、大学卒業後は非常勤講師として母校の野球部コーチを5年間務め、一度は旅行代理店に就職する。

ところが、高校時代の恩師を通じて縁が縁を呼び、1998年秋に「福島の聖光学院で野球部を指導してみませんか?」という話が持ち上がる。そこで出会ったのが斎藤監督だった。

といっても、当時の斎藤監督は野球部の指導現場から遠ざかっていた。経営陣とぶつかり、野球部に籍を置きながらも一線から退いていたのだ。当時の聖光学院は、学法石川や日大東北といった県内の強豪の厚い壁に阻まれ、甲子園出場経験がなかった。斎藤監督が教諭として赴任して12年の間にも、4人の監督が就任しては退任していく。その目まぐるしい日々に疲弊していた。

横山青年から挨拶《あいさつ》を受けた斎藤監督は、最初にこんな印象を受けたという。

「エネルギーに満ち溢れた男だなと思ったね。関東での仕事をぶん投げて、こんな田舎に裸一貫で入ってくるわけだから。それだけのプライドがないと来るわけがないと思う。なるほど、これはエネルギーに満ち溢れた男だなと」

そして斎藤監督は一拍置いて、こう続けた。

「でも、それは今も同じだよね」

とはいえ、赴任当初は戸惑いの連続だったと横山部長は言う。

「土浦日大のときは20代そこそこのぺーぺーで、練習現場だけを見ていればよかった。でも聖光学院に来て、野球部長になって、経営者と直で戦わないといけないことも出てくる。経営者が求めるものは野球の実績なので、うまくいかなければ何かを言われるのは当然です。でも、当時の自分には、経営者と戦えるだけの器も術もなかった。その苦しみはあったよね」

今となっては「未熟な自分を育ててもらった」という実感がある。だが、その当時はそんなことを思える余裕すらなかった。野球部が崩壊寸前に陥る中、当時の監督がわずか1年で学校を去り、新たに経営陣から監督就任を言い渡されたのは斎藤監督だった。それ以来、斎藤監督、横山部長の体制は20年以上も続いていく。

斎藤智也監督とともに見逃した甲子園初出場の瞬間

聖光学院は基本的に、選手勧誘をしていない。

それは斎藤監督と横山部長がコンビを組んで以来、今に至るまで続いている。多くの強豪校が有望選手に声をかけ、積極的に人材をリクルートするのとは対照的に、聖光学院は「聖光で野球をやりたい」という人材が自ら進んで門をたたく。

横山部長は「監督とコンビを組んだときから、『選手を獲る』のではなく、『選手が来たくなる』ような野球部を作ろうと話していたんです」と語る。

斎藤・横山体制になった際、経営陣から提示されたタイムリミットは「3年」だった。3年以内に甲子園に出るために、何をすべきか。横山部長は当時を振り返る。

「現有戦力を考えると、力がなく、体も技術もない。となると、大きく伸ばせるとしたら気持ちしかない。心は一番変わるし、どこまでも進化できる要素がある。そこがスタートでした」

秋の県北地区予選を突破できず、県大会にも進めなかったチームを預かった斎藤監督と横山部長は「心」の強化を選んだ。それは聖光学院というチームの根幹になっていく。

「もちろん甲子園には行きたいけど、勝ち負けよりも大事なことがある。打った、投げた、走った……というところに価値観を置かずに、いかなるときにも『不動心』を作っていくことが大事だよね。監督とはそんなことを話していました」

今でも聖光学院の野球部グラウンドのバックネットには、「不動心」と大書されたボードが掲げられている。たとえ劣勢に追い込まれても、聖光学院の選手たちは大地に根を張った巨木のごとく動じず構える。その圧倒的な迫力の前に、相手が自滅するケースも多い。

不動心を掲げた新生・聖光学院は翌春の県大会で準優勝と快進撃を見せる。一定の成果が出たことで、横山部長は「この方向性は間違っていないんだ」と確信できたという。

スポーツ界で心の教育といえば、メンタルトレーニングを思い浮かべがちだが、斎藤監督が部員たちに語りかける内容は「人間哲学だ」と横山部長は言う。

「『俺たちはできる!』と叫ぶような、よくあるメンタルトレーニングではなくて、人としてのあり方を問うような話をしています。監督は本をむさぼるように読んで勉強していましたし、どんどん研ぎ澄まされていきました。ちょうどそのころに世の中で頂点を極めた人や、死に直面して悟りを得た人と触れ合う機会があったことも大きかったと思います」

当時の経営者が、聖光学院の野球部員に「不動心というけれど、じゃあ不動心ってなんだ?」と問いかけた。すると、部員はこう答えた。

「不動心とは、感謝です」

斎藤監督や横山部長が「そう言え」と直接的に指示したわけではない。この言葉を聞いて、横山部長は「伝わっているんだな」と手応えを得たという。

「世の中には苦しいこと、つらいことがたくさんある。でも、それは偶然ではなく、必然なんだと選手たちに伝えていました。『なんで俺ばっかり……』と思うことがあっても、そうじゃないんだよ、と。『俺だけこんな苦しい思いができるなんて、ありがたい』と思えるような発想をしよう。そんなアプローチをしてきたんです。選手の口から『不動心とは感謝』という言葉を聞いて、ちゃんと本質が伝わっているんだと再確認できました」

斎藤監督を中心に不動心を教育していく一方、「仕掛け屋」の横山部長は斎藤監督にある提案をしていた。

「どんどん外に出ましょう！」

練習試合の相手を県外の強豪に求めたのだ。千葉で育ち、茨城の土浦日大を卒業した横山部長には、関東の高校へのパイプがあった。「出不精」を自認する斎藤監督とは対照的に、社交的な横山部長は次々と練習試合の相手を決めていった。

関東の強豪に跳ね返されては挑み、また力をつけていく。いつしか、斎藤監督も選手たちも「学法石川や日大東北が相手でも怖くない」という境地に達していた。

そして斎藤・横山コンビの結成2度目の夏となる2001年、聖光学院は一つの結実を迎える。

予兆はあったと横山部長は言う。

「今から考えると奇跡なんだけど、当時は『奇跡じゃない』と思えるような出来事がいっぱいあった。夏の大会のベンチ入りメンバーを発表したときに、背番号をもらう人間から順番に泣いていった。それを見たときに、すごいチームになったなと思った。監督に言ったもんね。『こいつら、やっちゃうかもしれないね』って」

横山部長の言葉を受けて、斎藤監督は「自信が確信に変わった」とつぶやいた。西武ライオンズのルーキー・松坂大輔が、オリックス・ブルーウェーブの名打者・イチローを3三振に抑えた際に残した名言とまったく一緒だったが、発言したのはあいにく松坂の方が2年先だった。

チームとして成熟しつつあった聖光学院は順調に福島大会を勝ち上がり、夏の大会では初めて決勝戦に進出する。相手はその時点で甲子園出場5回の強豪・日大東北だった。壮絶な試合になった。聖光学院は7回までに1対3とビハインドを負うも、8回、9回に1点ずつを返して同点に追いつく。延長にもつれた決勝戦は、11回にドラマが待っていた。

表の攻撃だった日大東北は打線がつながり、一挙4得点。あまりにも大きな失点に、ベンチの横山部長は「これは厳しいな……」と落胆していた。

しかし、日ごろから不動心を植えつけられていた選手たちは、この逆境にも動じない。相手のミスもあって1死満塁のチャンスをつかむと、連打で2点差に。さらに大河内靖之が放った打球はセンター後方へ。風に乗ったフライが背走したセンターのグラブの先をかすめ、フィールドに落ちる。その時点で、聖光学院の選手たちはベンチから飛び出していた。

だが、横山部長はその光景を直に見ていないという。

「監督と二人で抱き合っていたから。後から録画していたテレビ中継を見て、『こんな感じだったんだ』と知ったくらいで」

4点差を跳ね返す、逆転サヨナラ勝ちで聖光学院は初めての甲子園出場を決める。タイムリミットの「3年」より1年早く、斎藤・横山コンビは結果を出したのだった。

「日本一のBチーム」を率いて

しかし、喜び勇んで出場した初めての甲子園では、非情な現実が待っていた。同じく初出場の明豊（大分）を相手に、0対20で初戦敗退。記録的な大敗に、聖光学院は地元からの激しいバッシングにさらされた。斎藤監督と横山部長はこの屈辱から再出発を期すことになる。

だが、斎藤監督が掲げる「不動心」は文字通り揺らぐことはなかった。Aチームを斎藤監督、Bチームを横山部長が指導するスタイルを貫いた。

前述の通り、このチーム運営は横山部長の発案である。そして、トップチームであるAチームの斎藤監督が、下部組織であるBチームの横山部長に特別な指令を送ることはない。斎藤監督は「横山に全権委任してっから」とこともなげに語る。そんな斎藤監督に対し、横山部長は「ありがたいですね」と感謝する。

「監督がすべて任せてくれる、認めてくれる。その度量があるから、こっちも好き勝手に動けるし、やりがいがある。上を気にしながらになると、思い切ってやれなくなりますからね」

横山部長がA・B2チームの運営を提案した当時、Bチームに専任の指導者をつけ、強化している高校は珍しかった。Bチームといっても、3年生は斎藤監督が率いるAチームにいるため、下級生主体で「秋の新チーム以降に結果を残したい」という目的を持った集団である。Bチームの選手たちのモチベーションは高く、実戦経験が得られる喜びに溢れていた。

全国指折りの強豪校が相手でも、聖光学院はBチーム同士の練習試合で勝利を重ねた。いつしか、「聖光学院のBチームは日本一強い」という評判が立つようになった。だが、横山部長は「ウチのBチームが強かったのは、めちゃくちゃ力があったからというわけじゃない」と語る。

「チームとしての団結力がありましたから。当時はウチ以外で、組織的にBチームを強くしようというチームはなかったと思う。でも、組織立ててやった方が、絶対に強いよね。Aチームに上がるためのステップではなく、Bチームとして『俺たちはこうなるぞ！』という目的があるわけだから」

聖光学院の練習グラウンドには、外野フェンス奥のスコアボードに、二つのカウントダウンボードがある。一つはAチームのための夏の大会開幕までの日数が、もう一つはBチームに向けた秋の大会開幕までの日数が掲示されている。Bチームの2年生以下は、秋をにらんで自分のやるべきことを逆算できる。

この運営が成熟し、聖光学院は安定して甲子園に出場できるようになっていく。部員数が増えると、Bチームの下に1年生主体の「育成」チームを組むようになった。

「仕掛け屋」の横山部長は、さらなるアイデアを思いつく。斎藤監督に「みちのくフレッシュBリーグ」の開催を提案したのだ。

みちのくフレッシュBリーグとは、東北地区の6校のBチームが県の枠を越えて戦うリーグ戦である。Bチームでも公式戦のような緊張感のある実戦経験を積める場を作りたい。そんな横山部長の発案に乗る形で、盛岡大附（岩手）、一関学院（岩手）、日大山形（山形）、東海大山形（山形）、聖和学園（宮城）がリーグ戦に参加している。

リーグ戦にはチーム順位がつき、個人タイトルもある。２０１９年までの11回のリーグ戦で、聖光学院が７回、盛岡大附が４回と優勝を分け合っている（２０２０年は中止）。ちなみに、盛岡大附のＢチームを率いる松崎克哉部長は聖光学院のＯＢであり、斎藤・横山コンビの教え子である。

だが、全国に名をとどろかせた聖光学院のＢチームも、近年は苦戦が続いている。その理由を横山部長はこう語る。

「今では『Ｂ戦（Ｂチームの練習試合）』という言葉が当たり前になるくらい、どこもＢチームに力を入れるようになったでしょう。今はどこもＢチームがいいもん」

また、横山部長がみちのくフレッシュＢリーグを開催したいと思ったもう一つの理由がある。それは指導者のレベルアップである。

「自分自身が采配を振ってみると、どういう指導をすればいいか見えてくるところもあるんだ」

S
目黒

「自分が監督をやりたい」という野心

横山部長は斎藤監督より7歳年下である。長幼の序があるにしても、20年の長きにわたって組む中で、コンビ解消の危機があったとしても不思議ではない。

ところが横山部長に聞くと、あっさりと「僕はないと思ってるんですけど」と笑った。念のため斎藤監督にも同じ疑問をぶつけたが、「一度もないね」と即答だった。

最初からすべての相性が合ったわけではない。斎藤監督は長続きした要因をこう語る。

「横山ってのは『ほうれんそう』のプロなんだよね。『これやっときました』の報告、『これやっていいですか』の連絡、『こう思うんですけど』の相談。ほうれんそうがしっかりしてるから、常に会話のネタがある。だから必ず、お互いの考えを議論する場面が自然とできる」

コンビを組んだ初期、こんなことがあった。斎藤監督が練習を見ていると、隣にいた横山部長が「どういう考えで練習を見てるんですか？」と聞いてきた。斎藤監督が答えると、横山部長は「僕ならこういうやり方がいいと思うんですけど、よかったら参考にしてみてください」と進言してきた。年齢差は関係なく、お互いに野球観を通わせ合うことで、見える景色を一致させていったのだ。

一方で横山部長は「完全分業のスタイルがよかったのでは」と語る。

「ずっと同じ人が同じチームを見続けていると、こだわりが出てぶつかり合うこともあるかもしれない。でも、僕と監督が同じチームを見るのは秋しかありません。夏までは監督がA、僕がBを見て、冬場は監督が2年生、僕が1年生を見る。それに秋の大会でも、Bチーム出身の選手が多い年は、監督は『横山が作ったチームだから』とすごく尊重してくれるんです」

互いに尊重し合い、互いに自分の指導を追求する。その根底にあるものは、「教員としての矜持《きょうじ》」だと横山部長は言う。

「教員である以上『人を成長させたい』というゴールはブレない。野球の技術は人によって理論やアプローチがあるけど、『人としてどうあるべきか?』という部分は狂いようがないじゃないですか。例えば『言い訳をしない』とか、素晴らしい人間には共通点がありますから」

とはいえ、どうしても気になることがある。高校野球は結果を残せば、監督にスポットが当たる。「名将」とあがめられ、中には国民的な知名度を得る監督もいる。一方で、部長は公式戦のベンチでユニフォームを着ることもなく、黒子に徹する。

Bチームとはいえ、監督としての実績、指導力のある横山部長なら、監督として脚光を浴びたい思いもあるのではないか。聞きづらい質問ではあったが、ストレートにぶつけてみた。横山部長は「若いときは当然、やりたいという思いはあったけど」と前置きして、こう続けた。

「Bチームでも実際に監督をやってみれば、やるほど難しいと感じるよね。それに権力欲やこだわりは、年々なくなっているんだ」

そして、一気に核心を突いてきた。

「横山がBチームで強くていいチームを作って、斎藤智也のAチームがいつも1回戦負けだったら、『俺にやらせろ!』と思うかもしれない。でも、これだけAチームは負けない野球をして、結果を出しているんだからね」

話を聞いているこちらも「それはそうだな」と納得しかけると、畳み掛けるように続けた。

「だから逃げてるわけじゃないけど、この後は誰もやりたがらないでしょう。だって、もう落ちるしかないんだから」

横山部長はそう言って、豪快に笑い飛ばした。

一方で斎藤監督は、こんなエピソードを教えてくれた。

「周りのチームの指導者からよく言われるんだ。『早くどっちかいなくならないですか？』って。二人のどっちかがいなくなれば、聖光は弱くなるから、チャンスができるんだって」

熱血指導スタイルの葛藤

2004年から2年連続で夏の甲子園出場を果たすと、1年置いた2007年から、聖光学院は毎年夏の福島大会の優勝を重ねていく。

甲子園での最高戦績はベスト8ながら、全国の頂は見えつつあった。横山部長が最もその可能性を感じたのは、2年生エース・歳内宏明（ヤクルト）を擁した2010年だという。

「あのチームは渋かったねぇ。本当にこのチームは強い、いいチームだと感じたのは、村島（大輔）がキャプテンを務めた世代じゃないかな」

2010年夏の甲子園初戦は、同年春の選抜大会でベスト4に進出した広陵（広島）だった。エース右腕・有原航平（レンジャーズ）はプロ注目の剛腕。それでも、歳内は互角に投げ合い、暴投で得た1点を守り抜き、聖光学院が勝利を収めた。

非常に印象的だったのは、試合終了後の校歌斉唱を終えた後のふるまいだった。聖光学院の選手たちは、何事もなかったかのように、淡々と一塁側アルプススタンドへ向かったのだ。

はたから見れば「金星」だった。アルプススタンドに大はしゃぎで向かっても不思議ではない。それなのに、聖光学院の選手たちは「勝って当然」と言わんばかりの、勝者の貫禄に満ちていた。

横山部長は、このチームには「否定力」があったと語る。

「監督やコーチから『いいチームだ』と言われても、彼らは平気で『まだダメなところがいっぱいありますから』と自分たちで言っていた。自分たちでチーム作りができた代なんです」

広陵を破った後は、山田哲人（ヤクルト）を擁する履正社（大阪）と対戦して5対2で勝利。歴史的に高校野球の盛んな地域の強豪を連破し、聖光学院の名前は一気に全国区になった。

だが、歳内という絶対的なエースを擁して迎えた翌2011年には、試練が待っていた。3月11日に東日本大震災が起き、津波被害を受けて福島第一原発事故が発生する。聖光学院のある伊達市は放射線の数値が高かった。地元住民が風評被害に苦しむ中、聖光学院の野球部には「被災地の希望」として取材が殺到した。彼らは「福島のために」という思いを背負って戦わなければならなかった。

3学年合わせて126名いた部員は震災後も誰一人転校することなく、聖光学院で戦った。結果的に甲子園では1勝しか挙げられず、日本一には遠く及ばなかった。それでも、翌春には野球部歴代最多の67人の部員が入部してきた。横山部長は「だいたい1学年40人前後で推移していたのに、震災の翌年だけは特別でしたね」と今でも不思議がる。聖光学院の野球が、それだけ全国に浸透した証しとも言えるかもしれない。

2007年から毎年夏の甲子園に出られるようになっても、安心して見ていられる年などなかった。毎年なんらかの問題が発生し、生徒と正面からぶつかってきたと横山部長は言う。

「史上最高のチームを作ってやろうと毎年思っていますよ。技術が高ければいいというものではない。スタッフと選手が格闘して、その結果が甲子園になっているのだと思います」

グラウンドに立つ横山部長は、グリズリーの愛称そのままに攻撃的である。時には強い口調で選手に厳しい叱咤《しった》を飛ばすこともある。そんな昔ながらの熱血漢であっても、自分の指導スタイルについては「毎年葛藤がある」と打ち明ける。

その背景にあるのは、選手気質の変化である。

「今の子は怒られ慣れていないというのと、やりたいことだけしかやりたがらないという傾向がある。厳しいことから逃げてしまうんだな。最近の小中学校は同学年の横のつながりが主で、縦のつながりが希薄になってきている。年上のガキ大将が年下の連中を束ねるような、縦のつながりじゃなくなっていると感じます」

ゲームの普及もあり、外で遊ぶより室内で遊ぶ機会が増えている。ライフスタイルや気質の変化を感じると、つい「今の若いやつは……」という愚痴が口をつく。それはかって自分が煙たく感じていた年長者の姿そのものでもあった。

自分はこのままでいいのかと自問自答をする一方で、どうしても譲れない部分もある。

「ダメなものはダメと、はっきり言わないといけないと思う。こういう時代だからこそ、忘れられている部分だろうし、言わなきゃいけない」

そして横山部長は、かみしめるようにこう続けた。

「やっぱり、本気でいきたいよね」

人として間違っている、許せないと思えば本気で選手を怒鳴りつける。時には涙を流すこともある。時代遅れと言われようと、そのスタンスを変えるつもりはない。

「子どもらって、怒られているときに何を言われたかは、あまり聞いてないと思うんですよ。でも、後に残るのは何かと言えば『この人、真剣だな。本気で俺たちのことを考えてくれているんだな』ということ。『本気』とは、そこが伝わらなければダメだと思います」

説法型の斎藤監督に対して、直情型の横山部長。対照的なスタイルに見えるが、横山部長は「そのバランスがいいのかも」と見ている。

「僕は選手を最初は子ども扱いします。でも、監督はもっと大人として扱う。学年が上がるごとにそうなっていくので、ちょうどいいんじゃないですか」

現在の聖光学院には斎藤監督、横山部長の他にも、石田安広コーチ、堺了コーチ、岩永圭司コーチ、三浦陸コーチと4名のコーチがいる。だが、指導スタッフの間で「お前の指導は間違っている」などと指導法を否定することはない。横山部長はその理由をこう説明する。

「子どもたちを躍動させるには、まず指導者が輝いていないといけない。指導者が自分の感性の中で思い切ってやれる環境があるというのが、すごく大事だと思うんです」

個々人が好き勝手に指導するという意味ではない。「子どもを成長させたい」という共通の目的があるから、それぞれにアプローチは違ってもゴールは同じところにたどり着く。横山部長はそう信じている。

「成長とは何かというと、僕は自分の中に新しい価値観が入ることだと思う。例えばA、Bという価値観しかなかった人間の中に、Cという新しい価値観が入ってくるとする。するとAとCが化学反応を起こして、Dが生まれることもある。新しい価値観を手に入れるには、ある意味で新鮮さも必要だと思う。1年、2年、3年と同じ指導者に同じことを言われ続けたらマンネリ化するけど、ウチみたいに学年ごとに教わる人が違えば伝わり方が違ってくる。みんな同じことを伝えたいとしても、時期と教わる人と伝わり方が違えば、常に新鮮な価値観として子どもたちに入っていく。ウチはそんなシステムなんじゃないかな」

高校生活は「80分の3」ではなく「3分の80」

2018年の12月から半年以上の間、横山部長は体に異常を感じていた。夏の甲子園が終わり、新チームが発足した2019年8月下旬には2週間チームを離れ、治療に専念した。手塩にかけて育ててきたBチームが秋の大会を迎える直前の離脱だっただけに、「途中で現場を離れなければいけないのは心残りだった」と振り返る。

チームは「横山コーチのために勝とう!」と一丸となり、横山部長も大会直前にはチームに復帰できた。とはいえ、内心で「選手に変なものを背負わせてしまった」という負い目を感じていた。チームは県大会初戦で学法石川に2対10の7回コールドで敗れた。横山部長は今でも「選手たちに申し訳ない」と自分を責める。

適切な治療を受けたため結果的に命に別状はなかったものの、それまで病気らしい病気もしてこなかっただけに、命を脅かされる体験に横山部長の気持ちは揺れた。だが、めげそうになる自分を奮い立たせたのは、過去に自分が生徒へ放った言葉だった。

「自分が教員として選手に言ってきた言葉が、そのまま自分に降りかかってくるんだ。『こういう考え方じゃダメだ。こういう考えをしないと』とね。結果的に余命宣告を受けたり、死に直面したりというわけでもない。たいしたことではありませんよ。でも、そんな体験をして『いつまでもユニフォームを着ていられるかは分かんねぇんだな』と思いましたよ」

さまざまな葛藤が交錯する中、頭に浮かんだ言葉は「野球道」だった。

「ベースボールはアメリカで生まれたスポーツですけど、野球は日本で『野球道』という言い方をしますよね。茨城出身で『学生野球の父』と呼ばれる飛田穂洲先生が築いてきた考え方で、子どもらにもよく話をするんです」

横山部長は選手たちに「野球ボールの縫い目は何個ある?」と尋ねる。正解は108個なのだが、「なぜ108個だと思う?」と続けて聞くと、だいたいの選手は答えられない。そしてこう選手に語りかけるのだ。

「縫い目の数は最初から108個と決まっていたわけではなくて、いろいろとやっていくうちに108個に落ち着いたらしい。この108個というのは、人間の煩悩の数と一緒なんだ。つまり、除夜の鐘の数とボールの縫い目の数は同じ。そういうことを考えてみても、俺は野球と人間性というのは結びつきが強いように思えてならないんだ。『人として』という部分を磨かないと、野球は強くなれないと俺は思う」

心身ともに弱っていた横山部長に、そんな自分の言葉がブーメランのように戻ってきた。いつしか不安はなくなり、「やっぱりウチが目指してきたものは間違っていなかった」と胸を張って言える境地に達していた。

振り返れば、斎藤監督と過ごした20年以上の歳月で多くのものが残った。地位より名声より、何よりも誇れるのは「人」を残したことだ。

「教え子が大人になっていくのを見るのは幸せですよ。卒業後も、社会でどれだけの人材になりえるか。『人』の『材』と書いて『人材』だけど、中には罪を作る『人罪』、ただいるだけの『人在』、財を築く『人財』もいる。その過程を追いかけられるのは我々の特権だよね」

2018年から斎藤・横山コンビの教え子が恩師を囲む会として「智英会」が発足さ

れた。斎藤智也の「智」、横山博英の「英」を一字ずつ取っている。この会で教え子の成長を感じることが何よりも楽しいという。

「結局、この高校3年間が自分の人生にどう生かされるかが大事ということだよね。僕らだって礎は高校3年間にあると思っているから」

横山部長には、大切にしているフレーズがある。それは「3分の80」という言葉。ある人物から、この言葉を教わったという。

「人生80年と言われる中で、高校3年間は『80分の3』じゃない。『3分の80』なんだ。だって、高校3年間はその人の人生を決める3年間になるのだから」

横山部長の胸に「3分の80」というフレーズはズシリと響いた。そして、聖光学院の広報部長も務める横山部長は学校のパンフレットに「80／3mind」というフレーズを入れることを決断する。「これだ！　と思って入れちゃったの」と照れ臭そうに笑う。

聖光学院のパンフレットには、こんな文言が記されている。

〈君を大切にしたい　80／3mind

日本に生まれ、同世代に生き、星の数ほどある高校から聖光学院に入学する君との出逢いはまさに奇跡。
私たちはこの奇跡を大切にしたい。人生の分岐点とも言うべき高校3年間。
聖光学院で過ごしたことが誇りとなり、各分野で活躍できる人材となってほしい。
教育とは、教師が君の人生に責任を持つということ。
だから将来を見据え、いつも真剣に君と関わりたい。
80／3ｍｉｎｄには私たちのそんな想いが込められています。〉

聖光学院はスカウティングしないと前述したが、横山部長は「もうちょっと動いてもいいんじゃないか？」という思いを抱き、斎藤監督に進言もしている。

野球の競技人口が減っているだけではなく、震災後の福島では放射線の影響を懸念して屋外スポーツである野球を断念した中学生も多い。どうしても優秀な人材は学校間で獲り合いとなり、声をかけないことには進学先の選択肢に入れてもらえないという現実がある。

しかし、それでも横山部長の足は中学校ではなく、聖光学院のグラウンドに向いてしまう。

「『人生を決める3年間』だと思うと、すごく責任を感じるんだよね。レギュラーだろうと、ベンチに入れない子だろうと、3年間に差はない。捨てていい生徒なんて一人もいないんだ」

スタッフ総出で「人として」のあり方を問い続けたい。そして一人一人の特性を見極め、導火線に火をつけたい。そうやって3年間戦い続けた結果、負けたとしても仕方がない。そう思えるほど、極限まで突き詰めてチームを作ってきた自負がある。

「子どもらが変わるきっかけがどこにあるかなんて誰にも分からないし、いつ来るかも分からない。だから1分1秒でも長く同じ空気を吸って、子どもらと一緒にいたい。それがウチを選んでくれた生徒への最低限の責任だと思う。だから、本当はもう少しスカウティングもしたいんだけど、グラウンドを空ける時間がないんだよね」

聖光学院が目指す「守・破・離」の型

2019年度の主将を務めた清水正義（大阪体育大）は、横山部長とのこんなエピソードを教えてくれた。

毎年、夏の大会直前に、AチームとBチームが真剣勝負をする壮行試合が催される。清水が2年時、壮行試合直前のBチームは最悪の状態だった。盛岡大附とのB戦に大敗し、練習姿勢のまずさから3人の選手がベンチから外されていた。

見かねた横山部長は、Bチームの選手たちに「お前ら、壮行戦をやるな」と言い放つ。「お前らとやったら、Aに支障が出るから」と。Bチームにいた清水にとっては「確かに、今のチーム状態でAチームと試合するのは怖いな……」というのが本音だった。

だが、覇気のない選手を前に、横山部長は目から涙をこぼして訴えた。「お前たちはなんでそんなに冷たいんだ！」。横山部長の叫びは続いた。

「なんでお前ら、ベンチを外れている3人のために何もしようとしないんだ。『自分たちで変えます』とか『もう1回面倒を見ます』と頼むとか、なぜ行動できないんだ！」

この言葉を聞いて、清水は強いショックを覚えた。自分のことばかりを考え、仲間やチーム全体を見失っていた自分を恥じた。それと同時に、こんな感情が湧き上がった。

「なんで指導者がこんなに本気なのに、自分たちは本気じゃないんだ！」

横山部長の涙の叱咤を受けた後、Bチームは選手間で話し合った。そして「試合をさせてください」と直訴する選手たちに、横山部長は「Bチーム全員、室内練習場に集まれ」と告げた。

Bチームのメンバーが室内練習場に集まると、横山部長は意を決したようにこう切り出した。

「今からお前らと相撲をする。本気でかかってこい！」

突然のことに戸惑う選手たち。だが、「グリズリー」の目から鋭い光が放たれていることが、何よりも横山部長の本気度を物語っていた。

一人、また一人と横山部長に全身を預けていく。横山流の「相撲トレーニング」が終わるころ、その場にいた全員が涙を流していた。清水は「人生で一番というくらい泣きました」と語る。

その直後、壮行試合でBチームはAチームと3対3の引き分けを演じてみせる。この試合を通して、清水は聖光学院の神髄を学んだという。

「ボロボロだったチームが、気持ちだけでそこまで持っていけた。野球は力だけじゃない。聖光学院にはそういう力があるんだと感じました」

聖光学院には「守・破・離」の型がある。まずは師から教わったことを「守」り、さらに修練を重ねる中で型を「破」る。そして最後は型を「離」れ、自在となる。

この「守・破・離」の段階を踏むことこそ、聖光学院の型だと横山部長は言う。

「僕ら部長、Bチームのコーチの仕事は『守』から『破』の段階でいかに突っ込んでいけるか。育成、Bチームを通して基礎ができていれば、最後に斎藤智也の自由な発想のもとで、素晴らしい『離』の世界に行ける。選手がグラウンドで自由自在に駆け回るのが聖光野球の完成型です」

2020年夏、聖光学院の甲子園連続出場は13年でストップした。県内のライバル校に止められたわけではなく、新型コロナウイルス感染症の影響で甲子園自体が中止に追い込まれた、言わば不可抗力だった。夏の甲子園中止の報道が出た5月20日、「何のために野球をやっているんだろう?」と自問自答する選手の姿を見て、横山部長はこんなメールを送信している。

「心の中の甲子園を目指せ」

その真意を横山部長はこのように語る。

「甲子園がいつもお前たちの心の中にあったから、ここまで頑張ってこられたはず。それに甲子園は自分だけのものではない。家族やサポートしてくれる人々がいなければ目指せないものだったはずだ。たとえ甲子園がなくなっても、高校野球をやる本当の意味は失われない。自己実現のために、心の中の甲子園を目指してやる。そう言えたら格好いいんじゃないか？　と選手には伝えていました」

一方で、横山部長はＯＢに向けて「甲子園の土を分けてほしい」と依頼している。夏の福島独自大会で優勝した高校に、甲子園に出られない代わりに「甲子園の土」をプレゼントしようと考えたのだ。

「みんなすぐに送ってくれて、たくさん集まりましたよ。ＯＢたちにとっても、心を痛めた出来事だったでしょうからね。『自分たちの年に甲子園がなかったら……』と考えたら他人事じゃないでしょうし。50～60人くらいは送ってくれたんじゃないかな」

集まった土を小瓶に小分けして詰め、福島県高野連に提供した。ただし、結果的に甲子園の土を手に入れたのは、聖光学院だった。

夏の福島大会14連覇。さらに東北6県の優勝校で覇権を争う東北大会でも優勝した。とはいえ、前年秋は県大会初戦敗退に終わったチームだった。

「このチーム、伝説になったなと思いました。甲子園がなくなっても、例年の夏と変わらずに最後までやり切った。今年もかっこいいチームになってくれましたね」

時代は変わる。高校生も変わる。だが、世の中がどんなに混迷を極めても、聖光学院が目指す道は変わらない。「哲人」と「仕掛け屋」に導かれた男たちは、揺らがない。

『哲人』斎藤智也監督（左）と『仕掛け屋』横山部長とのコンビで
チームを築き上げてきた

第5章

村上直心

花咲徳栄（埼玉）部長

常勝軍団を支える縁の下の力持ち

取材・文＝中里浩章

［プロフィール］

むらかみ・なおし

1976年4月16日生まれ。岩手県出身。水沢高では投手兼外野手で2年秋には県4強進出に貢献。日本大では3年春まで選手としてプレーし、3年夏から日大鶴ヶ丘高（東京）のコーチを務める。卒業後の2000年4月より花咲徳栄高のコーチとなり、翌01年から部長。04年夏よりコーチに専念するも、14年春には部長に復帰。17年夏には甲子園優勝を支えた。これまで甲子園出場は通算12度。保健体育科教諭。

学校と野球部をつなぐ存在が理想

本書の取材を依頼すると、すぐにこう返ってきた。

「えっ、自分が取材を受けて本に載るんですか？　ありがとうございます。ただ……すみません、こんなこと言うのはおかしいんですけど、取り上げていただくほどの人間じゃないですし、自信がまったくないです（苦笑）」

謙虚、慎重、丁寧、誠実……。物腰が柔らかく、誰にでも優しい。そんな〝縁の下の力持ち〟のイメージを地で行くようなタイプが村上直心部長だ。2000年4月に埼玉県の花咲徳栄高校に赴任してコーチとなった後、現在まで野球部の部長としてチームを支えてきた。

ひと口に「高校野球の部長」と言っても、その立ち位置はチームによってさまざまだ。部長が積極的にグラウンドへ出て選手を指導し、監督とともにチームを動かしていくケースもあれば、現場のことは監督に一任し、部長は渉外活動や事務作業などに徹するケースもある。村上部長の場合はちょうどその中間。普段は基本的にコーチ役として練習をサポートしながら、場面に応じて部長役となり仕事をこなすスタンス。だからグラウンドで選手たちに声をかけて回っていたかと思えば、次の瞬間にはパッと電話や来客への対応に切り替わる。そんな光景をよく目にする。

「監督が前に出て、部長が一歩引いたところから見ているっていうのが、バランスとしては一番良いのかなと。部長が前面に出ていくチームもありますけど、自分はそういうタイプじゃない。まずは監督が考える方針のもとで指導をした上で、選手たちが部長の話もちゃんと聞いてくれるような関係性を作ること。そうやってしっかりと後ろを固めておいて、学校と野球部をつなぐ存在でいるのが理想なのかなと思います」

花咲徳栄のチーム作りにおいては、岩井隆監督の存在がまず欠かせない。職人気質で理論的。細かい部分までこだわり、緻密な戦略のもとで技術や戦術をとことん鍛え上げて勝負に挑む。選手たちは基本的に一軍（A）と二軍（B）に分けられ、前者を岩井監督、後者を村上部長と福本真史コーチで担当するのが通常だ。そしてAとBの間で入れ替えも行って刺激を入れながら、少しずつAの人数を絞って夏に向けたベストメンバーを作っていく。

この指導スタイルで甲子園出場は通算12度。夏の甲子園に至っては2015年から2019年まで5年連続で出場し、2017年には埼玉県勢初となる夏の全国制覇を達成した。

だが、それでも村上部長は冷静だ。

「長らく栄華を誇っていたローマ帝国も、小さなことからあっという間に滅びた。明日は我が身で、ウチにも内部から崩壊する要素はところどころにあると常に思っています。だからこそ日々、土台が崩れないように気をつけなければならない」

心を揺さぶられた試合があるという。

2020年3月19日。花咲徳栄のグラウンドでは紅白戦が行われた。本来であればチームが出場するはずだった「春のセンバツ」の開会式予定日。しかし全国的な新型コロナウイルス感染拡大の影響により、11日には史上初の大会中止が決まっていた。

形だけでもいいから何かをやって選手たちに一つの区切りをつけてあげよう。「自分たちは甲子園に出たんだ」という証しを示して、記憶にも記録にも残してあげよう……。

岩井監督の発案により、「模擬センバツ開会式」が実現。ベンチ入り予定だった選手18人がセンバツ用に新調していた公式戦ユニフォームを着用し、プラカードと旗を掲げながら入場行進を行った。本番同様に入場行進曲も流し、整列した後には校歌斉唱。そして選手が半分ずつに分かれ、大会さながらの緊張感の中で試合が始まった。

Aチームは2020年秋にソフトバンクからドラフト1位指名を受けたスラッガー・井上朋也をはじめとする、いわゆるベストメンバー。ここ数年、花咲徳栄のレギュラー陣は全国でも屈指の実力を誇っている。対するBチームは公式戦に出る機会があまりなく、普段は二番手として途中出場に備えている控え組。ところが試合は白熱し、終わってみれば6対5でなんとBチームが勝利した。

「途中で負傷者を出したりもしながら、最後にヒットが1本出て、Bの方がサヨナラで勝っちゃったんですよね。コイツら本当にすごいなって思いましたし、気持ちの強さを感じました」

近ごろは毎年40~50人の選手が入部するため、部員数は必然的に100人を優に超える。そして大半の選手がチーム内の競争に敗れ、日の目を見ることなく高校野球を終えていく。村上部長が自身の役割として意識しているのは、普段試合に出ない選手たちの育成と精神面のケア。だからこそ、Bチームの劇的勝利を「すごく良い試合だったんですよねぇ」とやや興奮気味に語る。

岩井監督が「陽」なら村上部長は「陰」。普段から決して目立った動きを見せるわけではなく、指導者としてスポットライトを浴びることも少ない。また勝負の世界に身を置く人間にしては、どこか優し過ぎる印象もある。岩井監督によれば「真面目ですごく良い人。逆にあえて悪く言うとすれば、アクがないかな。だから本来、俺とは合わないんだよ（笑）」。世の中には、一見すると「普通」とか「どこにでもいそう」と思われるタイプの人間が多くいるものだが、村上部長もおそらくその部類に入るのだろう。

ただ——周囲からはこう言われることが多い。

「性格が真逆の二人だからこそ、チームがうまく回る」

そして現に、岩井監督とのコンビで常勝チームを築き上げてきた。

なぜ、成功できたのか。そんな質問を村上部長にぶつけると「本当に運や巡り合わせに恵まれてきたんですよ」と苦笑しながら、自身の野球人生をしみじみと振り返った。

〝水沢プライド〟

1976年、村上部長は岩手県胆沢郡胆沢町（現在は合併して奥州市）に生まれた。父親が国鉄（現在のJR）に勤務していたため、県内で転勤による引っ越しも経験したが、6歳からは父親の実家で両親、祖母、曽祖母と4世代で同居。隣の家との間隔が少なくとも50メートルは空いており、一帯に田畑が広がる静かでのんびりとした地域。二人の妹を持つ長男だったため、「いずれは実家に帰って農家を継ぐものだと思っていた」という。

父・千昭はわりと厳格で、挨拶《あいさつ》や礼儀にこだわるタイプ。クラブ活動以外の日は夕方に門限があり、「人様の家に迷惑をかけるんじゃない」とよく言われた。何かあったときにいつも相談するのは母・マサ子。父親がビシッと指導し、母親がフォローに回るというのが村上家のバランスの取り方だ。

ただし、好きなことは何でもやらせてくれたという。千昭は野球経験こそないものの、地元・岩手県出身の欠端光則（元大洋）が好きで、よくテレビの野球中継を見ていた。直心少年もまたその隣で観戦し、巨人の江川卓や原辰徳（巨人監督）に憧れた。

また、物心がつく前からプラスチックバットでゴムボールを打って遊ぶ習慣があり、幼少期は稲刈りの時期が終わると田んぼで友達と野球をするのが日課だった。だから、自然と小3あたりから軟式野球チームに所属してサード、中学の軟式野球部では捕手や投手も務めた。

大学時代、卒業後の進路について両親に相談したことがある。花咲徳栄のコーチ採用の話があり、「とりあえずしばらく実家には帰れなくなるけどそれでもいいか」と聞くと、マサ子から「好きなようにしなさい。そっちで仕事をさせてもらえるのであればやらせてもらいなさい」。突き放しているように見せながらも、子どもの想いを尊重する教育方針。そんな両親がいなければ、村上部長が今も野球に携わっていることはなかったのかもしれない。

そして、最も大きな転機となったのは高校進学だ。

小6の夏と中3の夏、隣の水沢市（現在は合併して奥州市）にある水沢高校がいずれも県大会で4強入りを果たした。地元の県立校で野球が強いのは水沢。そんなイメージが定着しており、早々と進路を一本に絞る。

もともと、水沢に入るためには各教科の水準が足りていなかった。野球部の監督でもある担任の先生にも、また両親にも「受験しても無理だから他の学校にしなさい」と促された。しかし、村上部長は頑として受け入れない。しまいには校長が出てきて「そんなに水沢高校に行きたいのか。じゃあまずは推薦入試を受けるだけ受けてみたらどうだ。ダメなら一般受験して、それでもダメだったら潔く私立に行けばいいじゃないか」。実は村上部長は生徒会長を務めており、内申点が評価される可能性はあった。その判断が功を奏し、見事に合格。ある意味、頑固なまでの芯の強さが運を引き寄せたと言える。

水沢高での3年間は、現在の自身の基礎を築いているという。

「一番良かったなと思うのは1911年開校という歴史がある学校で、伝統を感じられたことです。生徒がみな自分の高校にプライドを持っていて、『俺たちはミズコウなんだ』って胸を張っている感覚がある。地元でも一目置かれている感はあって、地域の方々からもたくさん応援してもらえる学校だったんですよね」

水沢高には男子も女子も全員参加の「応援歌練習」という伝統行事がある。入学直後の朝は教室内でバンカラな応援団が来るのを待ち、扉が開いたら「オーッス！」と大声で挨拶するのが決まり。そして朝と放課後には、みんなですべての応援歌を全力で歌う。これを1週間続けた後に800名前後の全校生徒による対面式が行われ、新入生は一人ずつ壇上で「〇〇中学から来ました、〇〇です！」と大声で自己紹介。「それを乗り切ると、ようやく〝水沢の一員〟になったような感覚が出てくる」と村上部長は言う。

数年前に第一子が誕生したとき、担当する産婦人科の助産師が偶然にも水沢高の先輩にあたる女性だったという。そこで掛けられた言葉は「やっぱり水沢と言えばあの応援歌が懐かしいよね」。母校への誇りを抱いているからこそ、卒業生たちはみな時を越えても想いを共有できる。〝水沢プライド〟は当然、村上部長の中にもある。

そして、学んだものも大きい。

「人間として大事なことは何かって考えたときに、例えば9時から練習があるとしたら、それを見越して8時半にはグラウンドに出て整備を始められるようにするとか、何事にもしっかり準備をすること。そういう精神は高校時代に植え付けられたと思うんですよね。で、やらなきゃいけないことは後に回さず、その日のうちにやるんだという考え方も教わった。花咲徳栄にも『今日学べ』っていう校訓がありますが、まさにその通り。学校教育が目指すものってどこであっても共通しているんだなぁと、今になって強く実感していますね」

もう一つ、水沢高に入って良かったことがある。今もなお慕っている恩師と出会えたことだ。

高校入学後はまず投手として評価され、1年秋には主戦として公式戦に登板した。ところが冬に投球フォームを崩して球が走らなくなり、2年時は不振。そこで外野に回り、2年秋からは「2番ライト」で出場するようになる。

幸い、水沢には「田舎の公立でこんなに集まるのかっていうくらい、能力の高い選手がそろっていた」という。2年秋には県ベスト4。しかも準決勝は3対0とリードした9回裏に4失点の大逆転負けで、県内トップを走っていた盛岡大附と互角以上の勝負を演じた。3年夏も16強止まりだったが、敗れた相手は強豪の専大北上。甲子園出場が夢ではなく現実的に狙える位置におり、選手たちの意識も高かった。

そんなチームをコンスタントに作り上げていたのが、当時の佐々木明志監督だ。

現役時代には水沢高、早稲田大で外野手としてプレー。卒業後は地元で教員となって浄法寺、水沢、盛岡四、高田で監督を務め、のちに岩手県高野連の理事長にもなった人物だ。なお2019年春に母校へ戻り、再びチームを率いている。

佐々木監督の指導は選手に近い距離で寄り添うスタイルだった。村上部長が高校生だったとき、佐々木監督の年齢は30歳前後。まだ監督が選手たちに厳しく接し、強烈な旗頭となってガンガン引っ張っていくような指導が主流だった時代だけに、佐々木監督のやり方は極めて新鮮に映った。

「何事もすごく熱心に教えてくれて、だけど『こういうふうにやれ！』って言うんじゃなくて、あくまでも『こんな感じにしてみたらどうだ？』って提案してくれるような感じ。またいろいろなチームのグラウンドにも連れて行ってもらえたので、『なるほど、他のチームではこうしているんだな』って自然と学ぶこともできた。選手一人一人を自立している人間として扱ってくれたんですよね。もちろん完全に自由というわけではなく、例えば試合でもサインなどを含めた決まり事はあったし、生活面での指導とか、テストで赤点を取ったら練習はさせてもらえないとか、そういう部分はあります。ただ、最終的には自分たちで考えて野球に取り組める環境だった。とにかく高校3年間は充実していたし、あらためて振り返ると、明志先生と一緒に戦っていたという印象が強いですね」

村上部長の世代は特にそんな指揮官のチーム作りに触発され、慣例として続いていた〝先輩による集合〟(説教)を廃止したり、下級生の仕事とされていたグラウンド整備や道具の片付けも全員で行うようにしたり……。全員が自分の考えを持ち、「チームのために」と腹を割って話し合える関係性を築けていたのだという。

村上部長はいつしか、佐々木監督に自身の理想の姿を重ねるようになった。そして、3年夏が終わって引退しても頭を受験勉強に切り替えることはなく、そのままグラウンドへ通い続けて練習を手伝った。

「将来は高校野球の指導者になりたい」

このころはまだ漠然とした想いではあったが、人生を決定づける第一歩となった。

恩師とは今でも交流がある。

佐々木監督が投手育成に悩んでいたときには、おこがましさを感じながらも「ウチの技術指導は絶対に役立つと思うのでぜひ来てください」と招待したこともある。自分が勉強してきたものは地元に還元したい。そんな想いがあるから、水沢の関係者にもたびたび声をかけている。

また2011年3月の東日本大震災。村上部長の地元は内陸部だったために直接の被害はあまり大きく広がらなかったが、佐々木監督は沿岸部にある陸前高田市の高田高に勤務していた。村上部長が電話をかけ、「たまたま実家に帰っていたタイミングだった」とのことで無事を確認できたのだが、学校のある周辺地域は津波で跡形もなく流されてしまったという。ちょうどその1年前に、招待試合で近くの高田松原第一球場へ行っていたこともあり、詳細を佐々木監督から聞くたびに被害状況が頭の中で生々しく浮かんできた。

村上部長は「何かできることがあったら何でも言ってください」と伝え、ようやく少し落ち着いたところで周囲の協力も受けながら岩井監督、主将の廣岡翔太、副主将の大塚健太朗とともにバットとボールを届けに行った。大混乱のさなかに高田高の野球部が練習を再開した際、「こんな状況でもう始めるんですか」と訊ねると、佐々木監督は「近くの球場を借りられるようになったし、いろいろな場所から呼んでもらったりもしてるから。少しでも（野球を）やってあげないと、逆に生徒たちがふさぎ込んじゃうからさ」と言っていた。自分だったら同じようなことが言えるだろうか。今でも自問自答することがあるという。

「人生観は一気に変わりましたね。人間は一歩間違えただけで命がなくなるんだという怖さも実感しましたし、一生懸命に生きてきてもそんな一瞬のことで壊れる可能性があるんだなと。じゃあ自分にそういう困難が降りかかったときはどうすればいいのか。今も明確な答えは出せていませんし、まだまだ恩師の姿から勉強しなければならないことはたくさんあるなぁと思っているんです」

名将の技術指導に度肝を抜かれた

水沢高を卒業後、村上部長は一浪の末に日本大学へ進んで野球部に入る。日大野球部は1923年創部と長い歴史を誇り、東都大学リーグで優勝23回（2020年終了時）を数える名門だ。村上部長がいた時代も3学年上に戸部浩（元ロッテほか）、2学年上に清水直行（元ロッテコーチほか）がおり、同学年には吉野誠（元阪神ほか）。さらに1学年下に加藤康介（元ロッテほか）、下窪陽介（元横浜）、尾形佳紀（元広島）、3学年下には村田修一（巨人コーチ）、館山昌平（楽天コーチ）、堤内健（元横浜）、大野隆治（元ソフトバンク）とそうそうたるメンバーがそろっていた。

そんな中、「推薦組ではなく一般受験組でも入れますか？」と電話で確認を取り、当初から「将来は指導者になりたい」とハッキリ伝えている。選手として練習に参加しながらも普段からサポートに回ることが多く、「どちらかと言えばマネジメントの視点でチームを見ていた。よくマネージャーと一緒になって仕事をやっている感じでしたね」。

幸運だったのは入部した年、かつて青森商や日大藤沢（神奈川）で監督を務め、幅広い人脈を持つ鈴木博識監督（鹿島学園監督）がちょうど就任したこと。また、学年では入れ違いの先輩にあたる萩生田博美（日大鶴ヶ丘監督）が引き続き大学に通いながら学生コーチを務めており、指導者志望だということを認識してもらえたことも大きかった。

2年時、その年から日大鶴ヶ丘を率いていた萩生田に「ウチでコーチをやらないか」と誘われた。もう少しだけレベルの高い環境に揉まれたまま野球を続けてみたいという想いもあり、その時点では断った。だが3年夏に再び打診を受け、「ぜひお願いします」。そこから大学卒業まで日大鶴ヶ丘でコーチを務めた。

大学野球を経験し、さらに高校生の指導も経験した。そこで得たものは何だったのか。

「大学で野球をやって身についたのは我慢強さ。そして日鶴での約1年半は、自分が何を分かっていて何を分かっていないか、確認することができた期間ですね。要は、ある程度レベルの高い野球は経験できたけれども、いざ選手たちに技術を教えようとしたときにベースになるものが何もなかった。高校時代は技術的なことを教わってきたわけではないですし、鈴木監督からは技術や戦術をまとめた資料などをいただいていましたが、手取り足取り指導されたわけではない。自分は野球のことについて何も教えられないんだなぁと。ですから、コーチをしながら選手たちに言っていたのはメンタル面。あとは自分の感覚でなんとか練習の仕方などをアドバイスしていましたが、投げ方や打ち方をどうすればいいのかとか、どういう戦法で臨めばいいのかとか、その部分をもっと勉強しなければならないと痛感しました」

地元に帰って指導者をやろう。そんな将来を考えていた村上部長は4年時に岩手県の教員採用試験も受けていたが、結果は不合格。だから日大鶴ヶ丘でコーチを続けながら、翌年にまた受験するつもりだった。

そんな折、鈴木監督から連絡が入る。

「村上、花咲徳栄でコーチの枠が空いたんだけど、行ってみるか？　希望するならお前を推薦するから」

一瞬迷ったが、両親からも背中を押され、さらに鈴木監督に「日鶴の方はどうすればいいですか?」と訊くと「萩生田にも言ってあるから大丈夫だ」。そして何より、指導者としてはまだまだ勉強不足。このまま地元に帰っても選手たちに何も教えてあげることができないんじゃないか。ならば、コーチとしてちゃんと野球を勉強させてもらおう。

そう決断し、晴れて花咲徳栄の保健体育科教諭として採用。ここから指導者人生が始まった。

花咲徳栄へ赴任したとき、埼玉県内の勢力図としては春日部共栄や浦和学院がトップを走っていた。花咲徳栄は数々の選手をプロの世界に送り出すも、まだ甲子園出場はなかった。ただ1999年春に県準優勝ながら関東大会初優勝を果たしており、ようやく上位校として認知され始めた時期。村上部長が初めて携わった2000年のチームにも左腕の新井智(元阪神)や2年生ショートの根元俊一(ロッテコーチ)がおり、選手の能力は高かった。

そして度肝を抜かれたのが、技術指導のレベルだ。

1989年の就任から花咲徳栄の基礎を作り上げてきた当時の稲垣人司監督は、卓越した理論を持つ名将。かつて指導した創価(東京)や桐光学園(神奈川)でも、技術的なポイントを詳細に記した『投手の見方と造り方』『打者の見方と造り方』という自作の冊子をもとにしながら、理詰めで数々の選手を育てていた。さらに岩井監督（当時はコーチ）は稲垣監督の桐光学園時代の愛弟子にあたり、師匠のやり方を熟知している。

花咲徳栄では「投手育成の名人」とも称された稲垣監督がバッテリー担当、岩井コーチが野手担当として練習を回すのだが、村上部長には指導の中身がまったく理解できなかった。

「勉強するつもりで来たところにいきなり内容の濃い指導を間近で見られたので、すごく恵まれているなとは思いました。ただあまりにもレベルが高過ぎたので、何もできないことが恥ずかしかったですし、自分には無理だと。まして埼玉はそれまでに縁がなく、まったく知らない土地。すぐに続けていく自信がなくなり、早く辞めて地元へ帰りたいと思うようになりました」

また、稲垣監督は普段から「コーチっていうのは監督が何か言う前に先に気づいて怒らなきゃいけない。鬼軍曹じゃなきゃいけないんだ」と言っていた。そのイメージと真逆の位置にいる村上部長には当然、コーチとしての振る舞い方さえも分からない。

ただ、ここでも人に恵まれた。

5月ごろ、当時の新任担当でのちに野球部長となる名雲浩（昌平高部長）に「もう自分にはできません」と本音を漏らすと、こう諭された。

「いや、村上。今はなんとか我慢して続けろ。3年我慢してやっていたら、必ず何か見えてくるものがあるから」

その言葉を信じ、それまでの経験はすべて捨てて、まったくの素人のような感覚で毎日を過ごす。選手と一緒に野球を教わるつもりで、我慢強く必死に食らいついた。

「稲垣さんは、怒ったときはものすごく怖さがありましたけど、普段は優しい人。ガミガミ言うわけではなく、選手が良くなるのを楽しみにしながらずーっと眺めている感じで、とにかく野球を教えることが大好きなんだなと。特に投手を育てることには執念を燃やしている人でしたね。で、気づいたことがあると選手を呼んで『これをせぇ』と。成長するきっかけが何か見えているようで、なんで今のタイミングで声をかけたんだろうなとか、いろいろ考えるようになりました。そういう指導を間近で見られたのは財産だと思います」

あるとき、「村上ぃ。お前、野球どうじゃ」と聞かれたことがある。そこで正直に「いやぁ、難しいです」と返すと、稲垣監督はこう言った。

「おぉ。難しいのが分かったか。それだけでも指導者として良かったじゃねぇか」
強くなるには、まず己の弱さを知って認めなければならない。その教訓は今も村上部長の中に根付いている。

2000年10月15日。チームに衝撃が訪れる。

横浜隼人（神奈川）との練習試合中、稲垣監督が突然ベンチ内で倒れて救急搬送。急性心筋梗塞でそのまま帰らぬ人となった。岩井コーチが病院まで付き添ったため、村上部長は現場の混乱を抑えながら撤収の指示を出す。怒濤《どとう》の一日を経て、頭の中で整理がつかないまま岩井コーチがひとまず監督（初めのうちは監督代行）、そして村上「部長」となった。

そこからしばらくは、先のことを考える余裕などまったくなかったという。岩井監督も当然、監督としてチームのことを考えるだけで精いっぱいだから、相談するわけにもいかない。新たに増えた部長としての仕事もこなしながら、グラウンドでは岩井監督の言葉に耳を傾け、指導法を吸収していった。また、もともと年末には稲垣監督が選手たちに講義をする「勉強会」が開かれていたのだが、岩井監督がそれを引き継ぐことになった。村上部長はそこで初めて技術論の詳細に触れ、理解を深めていく。そうしていくうちに、名雲前部長から言われた言葉の意味を実感するようになった。

「何も分からない状態からのスタートでしたが、2年目からは『そういえば昨年はこうだったな』と考えるようになり、3～4年目でさらに確認を重ねることができた。やはり、時間をかけないと分かってこないことってあるんだなと」

新体制になり、花咲徳栄は上昇気流に乗った。主将となった根元を中心に選手たちのモチベーションも高く、2001年春に県大会初優勝。さらに続く関東大会でも優勝すると、夏には県大会を制して甲子園初出場を果たした。さらに2003年春、現コーチの福本をエースに立てて選抜大会8強。2回戦では2年生だったダルビッシュ有（パドレス）らを擁する東北高（宮城）に10対9でサヨナラ勝ちし、敗れた準々決勝でも東洋大姫路（兵庫）と延長15回引き分け再試合（スコアは2対2、再試合は延長10回で5対6）の死闘を演じる。この活躍で「花咲徳栄」の名は全国に広まった。

当時の状況について、福本コーチがこう述懐する。

「特に僕らの世代は決して戦力が高かったわけではなく、なぜ勝てたのかは分からないんですよね。ただ目に見えない力が働いていたとは思いますし、とにかく一球ずつ丁寧にやって粘り強く戦っていました。普段の練習では朝早くから夜遅くまで、岩井先生や村上先生に付きっきりで手取り足取り教えてもらいました。岩井先生はとにかく厳しくて僕はよく叱られましたが、常に生徒のことを見ながらいろんなことを考えている人。投手としてはプレートの踏み方から正しいリリースポイントまで、すべて教わりましたね。そして村上先生は、どちらかと言えばお兄さんのような感覚。生徒に寄り添ってフォローを入れたりして、とにかく優しいというのが一番の印象です」

そんな〝アメとムチ〟のバランスがかみ合ったからこそ、コンビとしてうまく回ったのかもしれない。

村上部長は２００４年夏より名雲に部長職をお願いしてコーチに専念した後、２０１４年春に部長へ復帰。そして２０１７年夏には日本一を経験した。

もちろん、その過程には何度も反省がある。

例えば２００３年の選抜大会出場以降、花咲徳栄は全国舞台からやや遠ざかった。次の甲子園出場は２０１０年春。その間で大きく変わったのは寮長として選手たちと寝食をともにしてきた岩井監督が結婚し、子どもを授かって寮を出たことだった。つまり、村上部長が後を受けて寮生の面倒を見ることになったわけだが、ここで性格的な優しさが仇《あだ》となり、選手たちに心の緩みが生まれ始めた。岩井監督には「この人には逆らえない」というオーラがあるから、選手たちは背筋を正して行動する。だが村上部長に対しては良くも悪くも接しやすいため、厳しい口調で指摘されたとしてもなかなか響きづらい側面がある。

このときは岩井監督が選手たちとの距離を詰める形でチームを立て直したのだが、こうしたスキはたびたび見えることがある。村上部長は言う。

「周りから『村上は厳しさが足りない』ってよく言われますし、選手たちもどこかで『監督に言われなければ大丈夫だ』と思っている節はあるので、そこは変えないといけません。ただ、みんなで同じ方法を取ってしまうと、指導者がいなかったらやらないっていうチームにもなりかねない。だから私の中では、普段はバランスを取って監督とは別方向からのアプローチをした方がいいんじゃないかと。そして、岩井先生がグラウンドにいないときには口うるさく言うようにしている。そのさじ加減をどうするかというのが意識しているところであり、常に悩みどころでもあります」

指導者としてもうひと皮むけることができるかどうか。今もなお、チャレンジを続ける日々だ。

そんな村上部長に対して、実は岩井監督はある想いを抱いている。

福本世代の2002年秋、関東大会準決勝で横浜高と対戦した。開催地は相手の地元・神奈川の保土ケ谷球場（サーティーフォー保土ケ谷球場）。そこに球界屈指の名コンビとして知られる渡辺元智監督と小倉清一郎部長が現れた瞬間、スタンドの大観衆が大きく湧いたのだという。

「そのとき、『俺たちもいつかああいうふうになりたいよな』って言ったんですよ。ただ今のところ、村上は監督が言う通りのチーム作りを目指すんだっていう想いが強い。それはすごく良いことなんだけれども、いずれ監督をやってみたいとか、采配を振ってみたいとか、高野連の中で『埼玉と言えば村上部長』と言われるくらいの存在になって学校の地位をさらに高めるとか、そういう野心が感じられないんだよね。今は俺に叱られながら、夫婦みたいなもので時間が経てば元通りになるというような関係性。でも〝人のいい村上先生〟として使われるだけでは終わってほしくないですし、そこから一つ先のステップへ進んで、部長として自分の色を出してもいいんじゃないかなと。20年以上も一緒にやってきたわけだし、何より〝日本一の部長〟でもあるわけだからね。いつか渡辺さんと小倉さんみたいな存在感のあるコンビになってやろうぜっていうのはあ

HANASAKI
TOKUHAR

りますね」

埼玉で前人未到の夏5連覇

先述の2010年春以降、花咲徳栄は大きな波に乗った。2011年夏と2013年春にも甲子園に出場し、2015年からは県内で前人未到の夏5連覇。さらに2016年春と2020年春も選抜大会出場を果たしている。

そして能力の高い選手も集まるようになり、岩井監督の育成手腕もあって各世代からプロ選手を輩出している。

2013年　若月健矢（オリックス）、楠本泰史（DeNA）
2015年　愛斗（西武）
2016年　髙橋昂也（広島）、岡﨑大輔（オリックス）
2017年　清水達也（中日）、西川愛也（西武）

2018年　野村佑希（日本ハム）
2019年　韮澤雄也（広島）
2020年　井上朋也（ソフトバンク）

結果だけを見ても、まさに旬が続いていると言えるだろう。

ただそんなチーム作りの裏には、村上部長が常に抱えている課題がある。

「夏が終わると3年生が抜けて新チームに移行するわけで、そこに合わせて普段からBチームの中で1、2年生にも技術や戦術を仕込んでおいて、監督が求める一定のレベルまで育てておかなきゃいけない。でも現実的には、甲子園に出て遠征が長引くほど居残り組の練習を見る時間が少なくなりますし、いざ新チームが始まったときに『育成が進んでいないじゃないか』ということになるんです。ここ数年、ずっとそんな感じでスタートに失敗しています。その中で唯一、完成度が高かったのは日本一になった2017年夏の世代です」

予兆があったという。

2017年夏の主力となる西川や清水らが1年生だった6月、関東第一（東京）との

Bチーム戦があった。あちらは夏のメンバーに入れるかどうかの当落線上にいる選手たちを並べており、実力は甲子園に出てもおかしくないレベル。一方、こちらは投手では清水や綱脇慧（東北福祉大）、野手では西川や千丸剛など1年生が主体だった。ところが、終わってみれば花咲徳栄の快勝。投手陣はテーマとしていた直球のアウトコースの出し入れだけでピシャリと抑え、打線は「ベルトの高さの直球だけ打て」「低めのスライダーはボール球だから振るな」といった指示を見事に実践して、打つべき球をきっちりと打ち返した。

試合後、関東第一の指導者からこう言われた。

「このチームでB戦をやって、こんなにきっちりと負けたことはないですよ。本当に1、2年生だけのチームなんですか？」

村上部長がうなずくと、続けて「これだけのチームなら全国優勝できますね」。もちろん実感はなかったが、振り返れば当時の1年生は高い技術を持ち合わせているだけでなく、指示の意図までしっかりと理解して確実に体現できる世代だった。そして主力の4人は1年秋からAチームのメンバーとなり、2年時も春夏連続で甲子園を経験。その意識の高さこそが、全国制覇を達成したときのキーワード「自立」にもつながった。

印象的だったのは甲子園1回戦の開星（島根）戦。7番打者の小川恩（上武大）が低めのスライダーを振った瞬間、ベンチにいる全員が「おいっ！」と厳しく指摘した。小川はすぐにベンチへ向かって謝る仕草を見せる。そこからは誰も低めの変化球を振らなかった。実はその試合、チーム内では「狙うゾーンを上げる」「低めは徹底して振らない」という決まり事があった。選手たちがその必要性をちゃんと理解して、徹底できていた。

「岩井先生は理想をしっかり現実に当てはめていく人。そして目標を達成させていく力がすごいので、選手たちは『監督が言う通りのことを徹底すれば勝てるんだ』ってなる。これが長らくウチの強みだったんですが、近年はそこからさらに踏み込んで『監督から言われたことを吸収して、自分たちで実践していけば勝てるんだ』に変わってきている。だから、より負けにくくなったんだと思います。全国制覇のときなんかは特に、目の前の相手をどう攻略するかということだけに集中していて、現実的な想像ができていた。それを一戦ずつ重ねていった結果、決勝まで進んで『えっ、これでもう終わりなの？』と。こんなに絶好調のチームが終わってしまうのがもったいなくて、優勝が決まった瞬間は達成感よりも妙に寂しくなっちゃったくらいなんですよね。ああいうチームが最終的に勝つんだなと思いました」

村上部長もまた、岩井監督の野球観には全幅の信頼を寄せている。Bチームの指導を任されるようになって以来、いつも8月に入ると岩井監督からは「(新チームのメンバー候補として)誰がいい?」と聞かれる。村上部長としても、指揮官の思惑を想定した上で選手を育てているつもりだ。例えば「このポジションが空く」とか「この打順の選手を作っておいた方がいいだろうな」と考え、該当する選手がBチームにいるうちからAチームを見据えた起用をして、あらかじめ役割を認識させている。いかに岩井監督の感性を考慮し、先回りできるか。単純に選手の能力を伸ばすのではなく、欠けているポイントにスポッとハマるような選手を育てること。それは村上部長に与えられた大きな役割であり、「予想外の選手を抜擢されることもあってまだまだ至らないですが、なんとか一致させるようにしていきたい」と語る。

村上部長と接していて、一つ驚かされることがある。「この選手はどういう選手なんですか?」と訊ねると、その場ですかさず答えてくれるのだ。誰がどんな性格で、どういう長所と短所があって、野球の技術はどうなのか。普段から一人一人に目を配っているからこそ、それぞれの特質を細かく把握できている。

実際、練習中はウロウロと歩いて選手たちを見回っては、事あるごとに「調子はどうだ?」「今は何に取り組んでいるんだ?」と声をかけている。それは、Bチームでの指導方針にもつながっている。

「私が表立って引っ張っていくのではなく、集団から漏れてしまっている選手がいないように後ろから追いかけていくイメージですね。特に今のように部員数が多いと、Bの中でフラフラッと違う方向へ行ってしまったり、Aに対して文句を言ったりする子は必ず現れます。ただメンバーとメンバー外で心が離れているチームって、どれだけ実力があっても崩れる。だからといってBにいるとモチベーションは下がるもので、練習を促しても〝やらされている感〟が満載。ですから、やる気がある選手と一緒に練習をさせたり、試合での出場機会を与えたり、大学で野球を続けることを促したりして、刺激を与えていければいいなと。やっぱり目の前にハッキリとした目標があると、みんな目の色を変えて頑張るようになるんですよね。で、メンバーはいつもそういう環境の中で頑張っていて、さらに結果まで求められているんだよって説明すると、ようやく『文句は言えないいな』『応援してあげよう』という気持ちになってくれる。そういう方向に進ませて、チームとしての一体感を出していければいいなと思っています」

2010年1月に福本が社会人野球（TDK千曲川－TDK）を引退してコーチに就任してからは、選手たちにあえて「福本コーチに指示を仰ぎなさい」と伝えることも増えた。意味合いとしては、次世代に指導経験を積ませることが一つ。また、あるとき村上部長と福本コーチがそれぞれ別の指示を出したため、選手たちが迷ってしまうということがあった。ならば福本コーチに先に指示を出させておいて、自分が後でバランスを見て軌道修正する方がうまく回るだろう、というのが一つ。

〝村上と福本に預けておけば、選手が育ってチームが強くなる〟

そう言われるような存在になることが大きな目標でもある。

2019年4月。もともと事務職員として働いていた福本コーチが教員免許を取得し、教員として採用された。しばらく岩井・村上・福本の3人体制でずっと進んできたチームだからこそ、指導者のキャリアアップは大きな転機と言えるかもしれない。

福本コーチもそれを十分に理解している。

「もともとは高校野球のコーチって、何となくできるだろうという変な自信があった。でも、実際にやってみて『自分は何もできないんだな』と気づかされました。そんな中で、今まで見られなかった〝生徒としての一面〟を見られる立場になったのはものすごく大きいですね。岩井先生はよく『生徒の本質は寮などの日常生活と、学校での授業に出るんだ』とおっしゃっている。今までと違った観点で見られるという部分も生かして、スタッフとしての戦力になれればいいなと思います」

では、教員としての村上部長はどうなのだろうか。

2000年採用で同期にあたる齊藤久士教諭は、村上部長の良さをこう評する。

「初めて会ったときから、良い人だなぁという印象です。同期は何十人と入ったんですけど、今も残っているのは私と村上先生の二人だけ。だからお互いによく話しているんですが、温かみがあって、親身になって話を聞いてくれるタイプですね。仕事の面での能力は高いと思いますし、岩井先生は野球部の窓口のような役割として外に出ることも多いですが、村上先生がいるからこそ任せられる部分もあるのかなと。そして、とにかく何事にも粘り強いです」

一方、岩井監督の1年先輩であり、村上部長にとっては同じ保健体育科の同僚でもある樋口尚美教諭は、こんな視点で話してくれた。

「岩井先生の優しさは、この子をなんとか独り立ちさせてあげるんだっていう優しさ。

自分の手元を離れたときにしっかり生きて、活躍できるようになってほしいという親心ですよね。逆にムラ（村上）の優しさは、お兄さんが弟を見るような優しさ。目の前で困っていたら寄り添うとか、話を聞いてあげるとか、そういう部分かなと。そして、二人いるっていうのがすごく大事。子どもたちからすると、岩井先生の場合はちょっと緊張感があるようだけど、ムラには気軽に相談しやすいみたい。選手たちが今すぐ優しい言葉を掛けてほしいときに別のところへ逃げ込まずにいられるのは、ムラがクッションの役割をしているからじゃないかな」

例えば野球部の選手が学校の授業や練習などを欠席する場合、岩井監督のもとへ必ず報告に行かなければならないという。ただ、選手たちはその前にまず村上部長へ報告する。そうやって心の準備を整えながら、その日の岩井監督の動向も探り、タイミングを見て報告する。ナイーブな気質の子どもが多い現代だからこそ、村上部長のような存在は強く求められているのかもしれない。

ちなみに――二人の話を聞いても分かることだが、花咲徳栄には野球部に対して好意的なイメージを抱いている教職員が多い。それは岩井監督が「あくまでも学校あっての野球部であり、学校が求める形を目指さなければならない」と考えているからだろう。

野球部員だからといって特別扱いをすることはなく、一般の生徒にも分け隔てなく接する。むしろ何か問題が起こったときにはそのクラスに所属する部員を呼びつけて、「お前たちがクラスをまとめれば良かったんじゃないのか」と叱る。一見するとただの濡れ衣のようにも思えるのだが、そこには学校にちゃんとなじんだ中で自然とリーダーシップを発揮できる人間になってほしいという想いがある。

そして、普段から教職員の付き合いも大切にしている。大会で応援に駆け付けてくれた部活動の顧問の先生などには必ずお礼の電話をかけたり、甲子園出場の際には他の先生にやりがいのある仕事をお願いしたりと、配慮も欠かさない。

野球部だけが学校から浮いた存在になってしまっては、いくら強くても意味がない。そう考えているからこそ、花咲徳栄の野球部は校内で一目置かれている。

先ほどの樋口教諭がこう語る。

「ずっと女子ソフトボール部の顧問を務めてきたんですが、昔は『なんで野球部ばっかり』っていう気持ちがありました。ただ、職員室で岩井先生と隣の席になってよく話すようになり、彼の考えを聞いてからは物事の見方が変わった。野球部に対する劣等感を抱くんじゃなくて、野球部とうまく融合しながら、一緒に部活動としての位置づけを上げていった方が絶対にいいなと。ウチの学校では野球部の応援にみんなが前向きで、大会で優勝した後なんて、スタンドから生徒たちが選手の名前とかを呼んで手を振ったりする中に、『岩井先生～！』っていう声も多いんですよ。そういう意味でも、野球部から学ぶ部分は多いんですよね」

指導のあり方を考えさせられた２０２０年

すべての指導者にとって、２０２０年は大きな転機と言えるだろう。高校野球においては冒頭の選抜大会中止から始まり、その後も新型コロナ騒動が続いたことで春夏の公式戦がすべて中止。もちろん、村上部長にとっても指導のあり方を考えさせられる年となった。

まだ夏の大会開催に一縷《いちる》の望みが託されていた春の時期、3年生たちにこう問い掛けてみたことがある。

「今までこれだけ練習をやってきたけど、もし最後の夏の大会がなくなったらどうする？」

かなり現実的で残酷な質問だが、彼らはいとも簡単にこう返してきた。

「いや、それでも先を考えて練習に取り組みます」

そして結果的に通常開催が絶望となっても、選手たちは淡々とその事実を受け入れていた。もともと選抜大会中止の報告を受けたときから、岩井監督が「決まったことは仕方ない。夏もあるかどうか分からないけど、開催されることを前提として取り組もう。もしなかったとしても、次のステージで活躍できるように準備をしておこう」と方針を示していたことも大きいだろう。野球を続ける者、チームのサポートに回る者、受験勉強に切り替える者……。スタッフが一人一人と話し合い、気持ちを確認しながら迷いを取り除く作業も重ねた。ただ、そうはいっても高校生。未練を断ち切るのはなかなか容易ではないのではないか。

「大きな目標が突然なくなったわけですから、ショックはあったと思います。ただ、彼らは本当に頼もしかったんですよね。むしろ私たち大人の方が、どうやって声をかけてあげればいいんだろうって戸惑っていたかもしれない（苦笑）。パッと切り替えられるというのはある意味ドライなのかもしれませんが、だからといって夏への想いが弱かったわけではない。このあたりが現代の子どもたちの気質なんだろうなと」

少しずつだが、選手たちの本質がハッキリと見えるようになってきた。

コロナ禍では、部長としての仕事のスタイルも少し変わった。感染対策の一環として電話やオンラインなどでの対応が増え、例年の2～3倍の書類が届くようにもなった。

しかも状況は目まぐるしく動く。夏は各都道府県の高野連の奔走により、各地でなんとか代替大会の開催にこぎつけたが、埼玉県の独自大会は全国で最も遅い8月12日のスタート。花咲徳栄の場合、選抜大会中止の救済措置として8月10日から開かれる「甲子園高校野球交流試合」にも出場が決まっており、スケジュールのやり繰りにも頭を悩まされた。

日本高野連と埼玉県高野連はそんな事情を踏まえ、どちらにも参加できるようにとお互いに配慮してくれた。その結果、交流試合の日程は8月10日の開幕試合に決定。主将の井上が選手宣誓を任され、リモート会議での細かな打ち合わせを経て、対戦相手となる大分商の主将・川瀬堅斗（オリックス）と二人で半分ずつ読み上げるという史上初の大役をこなした。そして、試合も3対1で勝利。「選手たちに甲子園で戦わせてあげられることだけでもありがたかったですし、無事に終われて本当に良かった」と村上部長は言う。

その一方で――チーム作りの難しさもあらためて痛感した。

というのも、交流試合については本来のAチームのメンバーで臨んだのだが、夏の独自大会に関しては高校野球の区切りという意味合いを重視して「3年生だけのチームで臨もう」と決めていた。つまりAチームを解体し、「夏を目指す3年生チーム」と「秋以降を目指す1、2年生の新チーム」に分けたのだ。そして前者を村上部長、後者を福本コーチが担当。岩井監督は2020年夏に限り、全体をバランスよく見る役割に専念した。

気をつけなければならないのは、井上らAチームの主力メンバーと、本来であれば夏のベンチに入ることができないはずのBチームのメンバーの意識の格差をどう埋めるか。村上部長は何度も「うまいとか下手とかは関係ない。全員が戦力にならなきゃいけないんだ」と説いた。

また、岩井監督からは「メンバー選考は村上に任せる」と言われていた。独自大会ではベンチ入りメンバー20人が1試合ごとに入れ替え可能だったため、できるだけ3年生全員に「夏のベンチ入り」を肌で感じさせてあげたいとも考えた。ただ、例年通り20人のメンバーが固定されていれば、試合になってもそれぞれが自分の役割をハッキリと認識できるのだが、そもそもベンチ入りを経験したことのない選手たちはどう動いていいのかが分からない。かといって「ベンチにただいるだけ」では、チームのためにも選手のためにもならない。だから試合前や試合中、村上部長は彼らに目まぐるしく指示を出していた。

結果としては、4ブロックに分かれたうちの東部ブロック準決勝で鷲宮に延長8回タイブレーク（7イニング制）、5対8で敗戦。県内では優勝候補筆頭と目されていたのだから、満足できる結果ではない。

だが、村上部長は言う。

「今まで日が当たらなかった子が活躍する場ができたこと。それによって目の色を変えて今まで以上に努力をする子が出てきたことは、すごく良かったですね。技術力を問わずにメンバーを選ぶのって、おそらく花咲徳栄のチーム史上で初めてのことだと思うんですよ。そしてうれしいのは、大学でも野球を続けたいっていう子が例年より10人ほど多く現れたこと。もちろん、自分としてはメンバー選考においてそれぞれの心の充実度とか、相手に立ち向かえる実力の度合いを読み違えたなという反省があります。ただ、例えばエースの高森陽生を外すとき、不安で井上たちに相談したら『コイツら（代わりの投手陣）が必ず結果を残してくれるんで大丈夫ですよ』と。負けたら終わりという状況なんですけど、全員で勝ってやるんだっていう気持ちが本当に強い学年でしたね」

2020年秋、花咲徳栄は県大会準々決勝で細田学園に2対3で敗れた。選手の能力だけで見れば、新チームは県内で頭が一つも二つも抜きん出ていると言える世代。しかも例年の花咲徳栄ならば、少なからず序盤に苦戦したとしても岩井監督から的確な指示が出て、中盤や終盤で必ず対策を講じて相手に対応していくはずだ。しかし実際には序盤の悪い流れをズルズルと引きずり、最後まで一本調子で終わってしまった。多くの関係者に衝撃を与える番狂わせだったと言えるだろう。

激動の年を終え、村上部長には感じたことがあるという。

「どうしても新型コロナウイルスに感染するかしないかっていう部分に目が行きがちですが、実は子どもたちの心に与えた影響の方が大きいんじゃないかなと。ウチの最大の強さはここぞという一球での集中力であり、ここを外したらいけないっていうポイントをしっかり押さえてきたからこそ勝ててきたと思う。でも、例えば夏の鷲宮戦で言えば、一打サヨナラの場面でヒットが出たのに二塁走者が本塁へかえってこられなかったりとか、いまひとつしっくりいかない感覚があった。秋もやっぱり執念が足りないというか、どこかあっさりとしていた気がするんです。思えばそれは野球部だけに限らず、一斉休校が明けて授業が再開した6月などは、一般の生徒たちからも勉強に身が入っている様子が感じられなかった。質問をしても反応が薄かったりして、心がやや荒んでいるなと思いました」

だからこそ、これからの指導では「より子どもたちのメンタル面を意識していきたい」という。

緊張感を持って取り組む場面、あるいは失敗したときに心の底から悔しいと感じる場面がなければ、選手たちはなかなか自らを奮い立たせることができない。人間にとっては、適度なストレスが成長の源になることもある。我慢してやること。継続してやること。集中してやること。その大切さを根気強く説いていくつもりだ。そして、選手たちの中から「しっかりやろうぜ」という声が出てくることを望んでいる。

村上部長は言う。

「監督がいないときに強いチームを作れば、監督がいるときにはもっと強いチームになれる。Ｂチームが強いチームになれば、土台が上がってＡチームはもっと強いチームになれる。そのためにもやっぱり、一人一人の心を鍛える必要があると思います。子どもたちが本気になれるきっかけを与えていけるように、指導者として今後も勉強ですね」

常勝軍団を縁の下でしっかりと支える力持ち。今日も人知れず、コツコツと歩みを重ねている。

6歳年上の岩井隆監督（右）をコーチ、
部長としてサポートし常勝軍団を築き上げてきた

終章

小倉清一郎

横浜（神奈川）元部長

高校球界のレジェンドの今、これから

取材・文＝菊地高弘

[プロフィール]

おぐら・きよいちろう

1944年6月16日生まれ。神奈川県出身。横浜高－東京農業大－三菱自動車川崎－河合楽器。現役時代は捕手。東海大一高(静岡＝現・東海大静岡翔洋高)コーチなどを経て77年、母校・横浜高コーチに就任。一時、監督を務めるも78年の夏前に学校を退き、同年夏から90年夏まで横浜商高コーチを務める。90年秋に横浜高に戻り、2010年3月まで部長、14年までコーチを務めた。退任後は全国でアマチュア野球の指導をしている。著書に『小倉ノート』(竹書房刊)など。

76歳の名伯楽が考える〝引き際〟

――横浜高校のように一つの野球部に心血を注ぐのと、今のようにいろんな学校を教えるのと、どちらの方が性に合っていますか？

そう尋ねようとすると、小倉清一郎さんは質問にかぶせ気味に「いやいや、もうやめたいんだよ」と言って、首を横に振った。

一座に笑いが広がると、小倉さんは「なんで今も野球をやってるかというとね」と持論を語り始めた。

「今もう、76歳なんですよ。80で死ぬというなら、即刻やめたい。でも、理想は83～84で死にたいんだ。貯金を全部使い切って、孫に一人あたり100万くらい置いていって死にたい。でも、年金なんてあてにならないから、女房に月々まとまった金を渡しているし、俺もゴルフをやったりして金を使うから。今の貯金を考えると5年くらいで使い切る。だから83～84歳で死ぬと考えたら、あと2～3年は野球をやらないといけないわけだよ」

独特の死生観ではあるものの、小倉さんの語り口は冗談とは思えなかった。

丸刈り頭に眼鏡の奥に光る細い目。顔つきは「横浜高校の名参謀」と呼ばれた当時のままだが、ふくよかだった体形は全体的にほっそりとしている。聞けば、横浜高校のコーチ時代に120キロあった体重が、現在は94キロまで落ちているという。小倉さんは「88キロまで落としたいんだけど、落とせないんだ」と笑った。体重を落としたい理由がまた、ふるっていた。

「甘いものを食べ続けたいから。酒はもうやめたけど、甘いものだけはやめられないんだよ」

柔和な印象を宿す目にしても、小倉さん曰く「左目は完全失明で、右目も少しおかしい」と不調をきたしている。今でも趣味のゴルフは欠かせないものの、グラウンドでノックバットを振ることはない。普通に考えれば、指導者としてリタイアしてもおかしくない老境に入っている。

それでも、小倉さんがグラウンドに立つ理由は一つしかない。いまだに小倉清一郎という野球人に、教えを乞うチームが後を絶たないからだ。

「今、定期的に教えているのは山梨学院と、神奈川の湘南学院、熊本の城北、三重の皇學館。2021年からは滋賀の彦根総合も教えることになったんだ。チームにもよるけど、1回の指導で1週間前後見ることが多い。家には月に半分くらいしかいないな」

指導者としての地位を決定的にしたのは、横浜高校時代だった。渡辺元智監督、小倉部長の同級生コンビで横浜高校を全国屈指の名門へと導いた。1998年の甲子園春夏連覇の原動力となった松坂大輔（西武）は小倉さんがスカウティングし、手塩にかけて育成したことで知られる。

試合中の采配は渡辺監督が振ったが、練習中の指導は小倉さんがイニシアチブを握った。チームマネジメントや精神教育に長けた渡辺監督と、技術指導や戦略に長けた小倉部長。この両輪が見事にかみ合った結果、横浜高校の黄金時代は築かれ、数多の名選手が巣立っていった。

小倉さんは2014年に横浜高校のコーチを退任し、その後は前述の通りさまざまな地域で野球指導に勤しんでいる。

〝瞬間湯沸かし器〟が絶対に口にしないNGワード

初対面の人間は例外なく、小倉さんの歯に衣着せぬ物言いに面食らう。

「口が悪くて驚いた」

「指導された選手が委縮してしまった」

小倉さんの指導ぶりを目の当たりにした指導者から、そんな感想を耳にしたことも一度や二度ではない。

小倉さんも自らの口の悪さを認める一方で、指導者の厳しい言動が世間から「パワハラ」と糾弾される風潮ももちろん自覚している。

「やりにくい、とんでもない時代だね」

小倉さんはそう漏らしつつも、いざグラウンドに入れば独特のだみ声で選手に檄《げき》を飛ばす。

横浜高校時代、小倉さんの舌禍が原因で選手との軋轢《あつれき》を生むことはなかったのだろうか。そう尋ねると、小倉さんはこともなげに言った。

「子どもらも分かってると思うよ、俺が『瞬間湯沸かし器』だってことは。でもスッと言って、冷静になったらそれで終わりですよ。いつまでもネチネチとやらないから」

とはいえ、中には歯向かってくる部員もいたという。乙坂智（DeNA）は「殴れよ」と言わんばかりに小倉さんに顔を近づけてきた。現在、横浜高校の監督を務める村田浩明監督も、高校時代には小倉さんの叱責に逆上してラインカーを蹴り上げたこともあったという。

「いろんなヤツがいましたよ。俺が歩いていたら、後ろからボールをぶつける格好をしているヤツがいたり。そんなのいちいち『てめぇ、このやろう！』とは言わないですよ」

そんな小倉さんでも「絶対に言ってはいけない」と固く誓う言葉があった。

「『死ね』とか、『殺す』とかね。でも、それを言うヤツ（指導者）がいるんだ。これはね、いくら俺でも許せないよ」

また、高校生の気質も変わってきた。厳しい叱責に意気消沈したまま、這い上がってこられない選手も目立つ。小倉さんにとっては「孫みたいなもの」という年齢層でジェネレーションギャップも激しく、以前より口調がマイルドになったようだ。小倉さんは真剣な表情でこう続けた。

「『アホ』はいいけど、『バカ野郎』がつい出てしまう。言わないようにしてるんだけどね」

時代に応じて指導現場が変容していく実情は理解しつつも、小倉さんはこんな嘆き節を口にせずにはいられない。

「私が一番心配してるのがね、この子らが親になって、子どもを産んだときにどうなるのかということ。ただでさえ多い自殺者がもっと増えると思う。怒られ慣れてない、弱い子がすごく多いんだ。だから、子どもらには言いますよ。『お前ら、大人になったら困るよ。強く生きられないよ』って」

今も健在の「小倉ノート」

76歳になった小倉さんが今でも「これだけは負けない」と自信を口にするのが、データ分析である。対戦相手の投手・打者の一人一人の特徴を詳細に分析した手書きのメモは「小倉ノート」と呼ばれ、ライバル校を震え上がらせてきた。

現在も指導するチームの望みに応じて、データ分析を買って出る。小倉ノート健在を印象づけたのは2019年の選抜大会。小倉さんが臨時コーチを務める山梨学院の初戦の相手は、北海道の札幌第一だった。

前年秋の北海道大会で準優勝した強豪は、直前まで小倉さんが臨時コーチとして指導に当たっていた。当時の投手陣はともに最速135キロを計測する右投手と左投手の2本柱。本来であれば、この両投手のいずれかが先発するものと考え、対策を練るのが定石だろう。

だが、札幌第一は奇襲に打って出た。秋の公式戦ではわずか3分の1回しか投げていない、レギュラー三塁手の山田翔太を先発マウンドに送ったのだ。

札幌第一としてはデータの少ない山田で山梨学院の出鼻をくじき、試合を優位に進めたい思惑があったのだろう。だが、小倉さんの恐ろしいところは、この「先発・山田」を完璧に読み切っていたことにある。小倉さんは当時の種明かしをしてくれた。

「大阪に行って、札幌第一の練習試合を追いかけたんだ。でも、山田はピッチャーどころか、サードでも出てこなかった。別の日に神戸のチームと練習試合があって、その日は雨だからてっきり中止だと思って見に行かなかったら、山田が投げたらしい。これは山田がくるなと思ったね。ほとんど映像はなかったけど、山田がくるものと思って分析しておいたんだよ」

先発・山田を読んでいた山梨学院は奇襲にも惑わされることなく、データがあることでむしろ精神的優位に立った。初回から猛攻を仕掛け、山田をわずか3分の2回でノックアウト。後続の投手も打ち込み、1回の攻撃だけで10点を奪った。一気に試合の大勢を決めた山梨学院は、24対5で大勝したのだった。

小倉さんの分析は、投手なら持ち球をどのコースに集めるか、打者なら打球方向の傾向を図示する。その上で選手ごとの特徴や弱点をこまごまとメモしていく。投手を攻略するポイントを聞くと、小倉さんはこう答えた。

「避けて通れる球と避けては通れない球をいかに見極められるかですね。どんなにすごいボールでも、10球のうち4球しかストライクが来ないなら避けていい。5球以上ストライクが来るなら避けて通れないから、対策を練らなきゃいけない」

1998年夏の甲子園では、初戦でノーヒットノーランを達成していた鹿児島実の左腕・杉内俊哉（元巨人ほか）を分析。映像を通して、杉内のある癖を発見した。

「木佐貫（洋＝元巨人ほか）と対戦した鹿児島大会の決勝を見ていたら、杉内は二塁ラ

山梨学院
FDH

ンナーが出ると視線を二塁から切った後は牽制《けんせい》しないことが分かったんだ。だから『二塁に行ったら、すぐ三盗行け！』と言ったんだよ」

試合は0対0で迎えた6回裏、小池正晃（元DeNAほか）が目論見通り三盗に成功。後藤武敏（元DeNAほか）の犠牲フライで先制して、流れをつかんだのだった。

小倉ノートは試合を見ながら急いで書くため筆跡は乱れ、小倉さんは「後で読み返したくても読めないことがあるんだよ」とぼやく。また、現在は山梨学院の依頼を受けて分析をすることが多いため、盆地の多い山梨の暑さも強敵になる。

「このクソ暑い中、1日に2試合も見なきゃいけないのは大変ですよ」

そう言いながらも、まだしばらくはバックネット裏スタンドに小倉さんの姿があるに違いない。

小倉清一郎が絶賛する24歳の若き指導者

初めて小倉さんからその人物評を聞いたとき、思わず耳を疑ってしまった。

「とんでもない野郎だね。今まで出会った中でも、あれだけ一生懸命にやる子はいないよ。成功してもらいたいね」

小倉さんはめったなことでは人を褒めない。長らくコンビを組んだ渡辺さんや愛弟子の松坂に対しても、時には愛情の裏返しともとれる辛辣《しんらつ》な言葉を吐くことがある。

そんな小倉さんに絶賛される人物が、山梨学院の吉田健人部長だ。まだ24歳、大学生に見まごうばかりの若い指導者である。なお、父・洸二さんは山梨学院の監督を務めている。

山梨学院を指導する際、小倉さんはグラウンドに併設された寮の一室で寝泊まりする。吉田部長は小倉さんが「もう寝るぞ」と言うまで付き添い、メモを取りながら質問攻めにするという。孫ほど年の離れた吉田部長に、小倉さんは惜しげもなく知見を伝授している。

もしかしたら、小倉さんの今のやりがいは「吉田部長を一人前に育て上げること」なのではないか。そう尋ねると、小倉さんは「うん、それしかないね」と認めた。

「健人を一人前にしたら、俺の役目は終わりかなと思っているよ」

高校野球の指導に携わる者で、小倉清一郎の名前を知らない人間などいない。確固たる実績があり、アクの強い人物として知られる小倉さんに臆することなく向かっていく。吉田部長とはどんな人物なのだろうか。

吉田部長は「小学3年生くらいから、いずれは指導者になりたいと思っていたんです」という。当時、父・洸二監督は清峰高校で監督を務めていた。清水央彦部長（大崎監督）との名コンビで、長崎の無名校を全国上位の強豪へと育て上げた。早々に「プロになるのは無理と悟った」という健人少年にとって、清峰の躍進は胸がときめく出来事だった。

だが、2006年春に甲子園決勝に進出した清峰は、0対21と歴史的大敗を喫する。その相手が横浜高校だった。

父・洸二監督も「今まで戦った中で一番強かった」と兜《かぶと》を脱ぐほどの強敵。幼心にも「どんな指導をしているんだろう?」と強烈なインパクトを植えつけられた。

山梨学院大に進学後、本格的に父のもとでコーチ修業を始めた健人青年は、熊本・城北との練習試合の際に末次敬典監督からこんな提案を受ける。

「小倉さんが明日来るから、会わせてやろうか?」

翌日、健人部長は小倉さんに挨拶《あいさつ》した上で、試合を一緒に見ることになった。健人部長は小倉さんの観察眼に衝撃を受ける。

「今までいろんな指導者の方に会う機会がありましたし、私も10年以上野球に携わって、だいたい一通りの知識は得たつもりでした。でも、小倉さんとお話ししてみたら、初めて聞く話ばかりで。『こんな細かい視点で野球を見る人がいるのか！』とショックを受けました」

投手のボールがワンバウンドし、捕手が身をていして止める。野球をやっていればよく見る光景でも、小倉さんは打者に対して「あれじゃダメだな」と苦言を呈する。吉田部長が「なぜですか？」と尋ねると、小倉さんはこう答えた。

「キャッチャーが弾いたボールがバッターに当たったら、ランナーが走れないだろ？ああいうときは、バッターがすぐよける癖をつけておかないといけないんだよ」

小倉さんの視点には、一つ一つ根拠があった。事前に小倉さんの人となりについてリサーチし、実は恐怖心も抱いていたが、吉田部長は「怖さより『聞いてみたい』という思いが先行しました」と言う。

その後、2018年8月より小倉さんが山梨学院の臨時コーチに就任すると、二人の師弟関係はより密になった。だが、健人部長にとっては同時に苦悩の始まりでもあった。

「うれしかったんですけど、最初は衝撃を受け過ぎてしまって……。小倉さんの考える野球の難しさに、選手も戸惑いましたし、正直に言って僕も分からなかったんです」

中継プレーの練習中、小倉さんは守備中の選手の動きがわずか数歩でもズレると見逃さずに指摘する。だが、健人部長も選手も何が間違っているのか理解できない。また、ノックを打つ健人部長に対しても「クロスプレーになるように打て」と要求する。人間技とは思えない、高度で細かいリクエストだったが、小倉さんは実際にそれをやってきたのだ。

健人部長は、小倉さんが指導する練習風景を動画で撮影することにした。練習後に小倉さんの言葉と選手の動きのズレがどこにあるのか、目を皿にして探す。「ビデオを何十時間も見返して勉強しました」と健人部長は振り返る。なぜ、そこまでやったかと言えば、「組織立ったプレーにかけては小倉さんより上の人はいない」という確信があったからだ。

どちらかと言えば大味な展開の多かった山梨学院は、小倉さんが臨時コーチに就任した後、接戦をモノにできるようになった。今では、組織プレーに関しては小倉さんも健人部長に全幅の信頼を寄せている。

「見ていて安心ですよ。足りないことがあれば言うけど、これだけ熱心なヤツもいないからね」

その一方で、小倉さんは健人部長の指導人生の課題を独特の表現で語るのだった。

「ピッチャーとバッターはまだ教えられないな。個人の動きを教えるには『目』がないと。例えばタイミングが取れないバッターなら、足の動きはどれが合うか。一本足や振り子みたいに動きがないとタイミングが取れない子もいれば、ノーステップで動きが小さい方がタイミングが取りやすい子もいる。それぞれの子に合った技術に修正できるようになるには、もっとたくさんの選手を見て『目』を養っていかないといけないから」

小倉清一郎という名伯楽の後継者が現れた――。そうまとめられれば、美しいストーリーになるかもしれない。だが、健人部長の内心を占める思いは違う。

「僕は小倉清一郎にはなれないです」

そう言って、健人部長はこう続けるのだった。

「お分かりでしょうけど、小倉さんは『本物』ですもの。何よりもすごいのは、組織プレーとか分析方法とか、誰に習ったわけではなく自分で理論を編み出していることなんです。小倉さんが50年かけて作った野球を2年も教えていただけているのは幸せですけど、いろんな意味で小倉さんはレジェンド過ぎます」

ただし、小倉さんの存在に打ちのめされ、絶望しているわけではない。健人部長は「その人にしか出せないものがある」と考えている。

「たとえ自分の父であっても、僕は吉田洸二監督にもなれません。人それぞれ、その人が持っているエネルギーや能力があると思うんです。僕はこれから自分に合ったスタイルを固めていけたらと思います」

奥深い知識を得たこと以上に「本物」を知ったことは、将来有望な若き指導者にとって何よりも大きな出来事だったのかもしれない。

黄金時代を築いたスカウティング

高校野球の戦いは、厳密には入学前から始まっている。本気で日本一を狙うほとんどの強豪校は、スカウティングに目を光らせている。

小倉さんもまた、横浜高校での指導者時代にはスカウティングに情熱を注いでいた。

ただし、前述した通り普段の練習は小倉さんがほぼ監督役として指導するため、平日は時間が取れない。そこで、4月、5月、12月の3カ月間だけ、中学硬式クラブが活動する週末を中心にスカウティングに出向いていた。

小倉さんは「専門的にやらせてもらっていたら、もっといい選手が取れた」と振り返るが、それでも10人に声をかければ5人は誘いに乗ってくれた。それだけ横浜高校のブランドは強くなったのだ。ただし、小倉さんは「10人中3人くらいは『小倉だけはイヤ』というヤツが出てきたけどな」と笑う。

有望な選手の見分け方を聞くと、小倉さんはポイントとして「背筋」を挙げた。

「背筋の強そうな子は伸びるね。松坂なんか剣道をやっていたからか、背筋が強そうに見えた」

どうやって背筋が強いかを見極めていたかを聞くと、小倉さんは少し考えてから「直感かな」と答えた。明確な指標はないものの、投げる姿を見て「背中側の筋肉が使えている」と感じるという。長年にわたって緻密に野球を見続けてきた小倉さんならではの観察眼なのだろう。

他にも、足の速さは50メートル走で6秒2以内が俊足選手の目安になる。さらにプロを狙うためには「6秒フラットほしい」と小倉さんは言う。選手のメンタルなど内面的な部分は、小倉さんでも「なかなか分からない」という。

過去に小倉さんには「勝負をかけた」というほどリクルートに力を入れた年代があった。その代の最終学年のときの甲子園成績と主な選手を振り返ってみよう。

①1994年（夏の甲子園初戦敗退）紀田彰一（元横浜ほか）、斉藤宜之（元巨人ほか）、多村仁（仁志＝元DeNAほか）、矢野英司（元横浜ほか）

②1998年（春夏の甲子園連覇）松坂大輔（西武）、小池正晃（元DeNAほか）、後藤武敏（元DeNAほか）、小山良男（元中日）

③2004年（夏の甲子園ベスト8）涌井秀章（楽天）、石川雄洋（元DeNA）、村田浩明（横浜高監督）

④2006年（春の選抜大会優勝）福田永将（中日）、下水流昂（楽天）、佐藤賢治（元ロッテほか）、西嶋一記（元ドジャースマイナー）

⑤2008年（夏の甲子園ベスト4）土屋健二（元日本ハムほか）、倉本寿彦（DeNA）、松本幸一郎（東芝）、小川健太（元九州三菱自動車）

⑥2014年（春の選抜大会初戦敗退）　淺間大基（日本ハム）、高濱祐仁（日本ハム）、渡邊佳明（楽天）、伊藤将司（阪神）

高校入学後の成長が著しかったにしても、素材のよさを見込んだ小倉さんの目利きの確かさがうかがえる。ただし、この華々しいスカウティングの陰で小倉さんは密かに懐を痛めていた。

「スカウトにかける金は40万くらいしか予算が出なかったから、100万くらいかかった年は50万は赤字だった。もちろん自腹だよ」

ある年には、こんなこともあった。すでに特待生の枠が埋まっていた状況で、どうしてももう一人の選手を特待生扱いで取らなければならない事情があった。小倉さんは学校側に「来年の枠を一つ減らしてもらっていいので、一人多く入れてもらえないか？」と掛け合ったが、理解を得られなかった。

このままでは、一人の選手の進路が宙に浮いてしまう。そこで小倉さんは、100万円以上の学費を自ら負担することを申し出たのだ。選手に対する責任もあったが、それ以上に小倉さんは意地になっていた。

野球界では名指導者と名が知られていても、決して破格の報酬を受け取っていたわけではない。損な役回りと嘆くこともあったが、それでも悪いことばかりではなかった。今でも当時の教え子たちからうれしい連絡があり、保護者からの盆暮の贈り物に心が温まる。

「筒香（嘉智＝レイズ）の親父は、今でも和歌山から米や柿を送ってくれるんだ。電話で一番話すのは涌井だね。高校時代はペッパーって走るメニューが一番嫌いで、よく『もういいですよ～』ってふてくされていた。でも、あのクラスになると最後は友達感覚になるから。涌井の親父もいまだに梨を送ってきてくれますよ」

名将・渡辺元智監督との微妙な関係

横浜高校を退職してしばらく経った後、実は小倉さんは滋賀の私立高校でコーチに就任する予定があった。現在のような臨時コーチではなく、滋賀に移り住んで専任コーチになるはずだった。滋賀県内の関係者の間では周知の事実であり、小倉さんも隠そうとはしなかった。滋賀に骨を埋めるつもりだったのかという問いに、小倉さんは「そうだね」と首肯した。

ところが、いよいよ小倉さんが着任する直前になり、低迷していたその高校が甲子園出場を決めた。学校側としては結果を出した現体制を変えるわけにはいかず、小倉さんのコーチ就任は幻と消えた。すでに小倉さんが勧誘していた選手は別の名門校に進み、後にプロへ進むことになる。もし、小倉さんが予定通り専任コーチに就任していたら、近畿圏の高校野球の勢力図は変わっていたかもしれない。

指導者生活のゴールは、少しずつ迫ってきている。だが、小倉さんのキャリアは部長やコーチが大半で、監督を務めたのはごく短い期間しかない。「監督をやりたいという思いはなかったのでしょうか？」と聞くと、小倉さんはあっさりと「やりたかったですよ」と答え、こう続けた。

「でも、60歳くらいで俺には無理だなと思った。頭になったら大変だもの。もし、俺が監督をやっていたら、校長と衝突しているだろうね」

この心境に達したのも、渡辺さんのマネジメントを間近で見続けてきたからだろう。

渡辺さんと小倉さんは横浜高校の同級生であり、付き合いは60年にも及ぶ。蜜月の時期もあれば、袂を分かつ時代もあった。決してすべてがかみ合っているわけではなく、ナイーブで微妙な関係とも言える。

監督として脚光を浴びる渡辺さんに対して、小倉さんは複雑な感情を抱いていた。

「甲子園の準決勝くらいまでいくと、試合が終わって取材の時間になると頭がカーッとするんだ。『俺がこのチームを強くしたのに……』ってね」

日ごろのチーム運営でも、衝突することは珍しくなかった。甲子園に出場できなかった年、渡辺さんはテレビ中継の解説者として呼ばれ、チームを不在にすることもあった。留守を預かるのは当然、小倉さんである。甲子園から戻ってきた渡辺さんは、練習ぶりに不満を抱くとミーティングで選手たちに向けて「俺がいない間に何していたんだ?」と叱責した。

小倉さんにとっては、まるで自分が責められているような気分になる。「瞬間湯沸かし器」を自認するだけに感情は高ぶるが、じっとこらえた。

「生徒たちにはバレバレだったんだろうけど、カチンとくることがあってもジーッと黙って、極力分からないようにしていたんです」

渡辺さんの采配に疑問を抱くこともあった。「この場面でスクイズしても外されるぞ」

と進言しても、渡辺さんは構わずスクイズのサインを出してしまう。実際に捕手に外されて失敗すると、1週間ほど口をきかない期間もあった。

だが、いくらプライドを傷つけられようとも、小倉さんの中で「渡辺さんを支える」という思いが揺らいだことはなかった。

「渡辺が呼んでくれたから、学校に勤められて給料ももらえている。そりゃあ、もっと給料をもらえてもいいと思っていたけど、やっぱり渡辺には感謝していますよ」

たとえ確執があっても、いつも頭を下げて仲直りのきっかけを作ってくれたのは渡辺さんだった。お互いに横浜高校の職を辞してからは、二人で食事をする機会もないという。とはいえ、小倉さんの「あいつから声をかけるべきだと思うんだよ」という口ぶりには、いつか渡辺さんと二人でゆっくりと労い合う場を設けたいという感情が透けて見えた。

小倉さんにあらためて「部長・参謀の心得」を聞くと、こんな答えが返ってきた。

「監督に色気があるのか、黒子に徹してやるのか、人によるからなんとも言えないけど、『監督より目立っちゃいけない』ということかな。しょうがないよね、ナンバー2なんだから。監督を立てることは絶対に必要。まあ、俺も監督を立ててきたつもりだけど、理事長からは『目立ち過ぎ』と言われていたけどね」

100年に1回でいいから、雲の上から見てみたい

ＭＬＢから「フライボール革命」の概念が日本にも浸透しつつあり、野球界のトレンドは緻密さよりもパワー重視へと傾いている。小倉さんも当然、その潮流は把握しているが、それでも信念が揺らぐことはない。

「頭を使わない時代になっているけど、野球はやっぱり頭だよ」

未来の高校野球はどうなっていくのだろうか。小倉さんに聞くと、まず話題に挙がったのは投球数制限の問題だった。

「球数制限はしょうがないけど、県立高校はピッチャーがいないから。今まで以上に格差が出ちゃうだろうね。ＤＨ制なんか導入されたら、もっと強いチームが有利になるからやらないだろうけどさ」

そして、小倉さんは「一つだけ提案がある」と言って、こんな私案を語った。

「ホームだけでいいから、ビデオ判定をやってほしいんだよ。審判は奉仕の精神でやってるというけど、ホームの判定一つで勝敗が変わっちゃうんだから」

過去には小倉さんが関わったチームが、明らかな誤審で敗戦を喫したこともあったという。ほんのわずかなズレに気を配り、勝利を目指してきた小倉さんならではの要望だった。

インタビューも終わりに差し掛かり、小倉さんはポツリとこんなことを漏らした。

「俺たちが死んで、100年、200年先にも甲子園はやってんのかね。第400回全国高校野球選手権大会……なんていって。戦争や天変地異があって、なくなってるかもしれないよな」

そして老将は静かに笑い、こう続けた。

「100年に1回でいいから、雲の上から見てみたいよな。『どれくらい野球が変わってんのかな?』って」

口では「早くやめたい」と言いながら、この名伯楽は雲の上の世界に行ったとしても野球を突き詰めるのではないだろうか。

「これだけ熱心な指導者はいない」と
小倉コーチが高く評価する吉田健人部長（右）

執筆者・編者プロフィール　（五十音順）

大利実　おおとし・みのる

1977年生まれ、神奈川県出身。スポーツライター事務所を経て独立。アマチュア野球を中心に取材・執筆活動を行う。『高校野球継投論』（竹書房）『打撃技術の極意』（カンゼン）ほか著書多数。『信じる力』（持丸修一著・竹書房）などの構成も担当。

小川誠志　おがわ・まさし

1970年生まれ、北海道出身。日刊スポーツ出版社などを経て2018年よりフリーに。出版社在籍時は雑誌『輝け甲子園の星』『アマチュア野球』ほか野球をテーマにした書籍などの編集を担当。アマチュア野球を中心に取材・執筆・編集。

菊地高弘　きくち・たかひろ

1982年生まれ、東京都出身。野球専門誌『野球小僧』『野球太郎』の編集者を経て独立。選手目線に立った取材を得意としており、ドラフト、野球留学、ジュニア育成、イップスなどのテーマを主戦場とする。『野球部あるある』①②③（集英社）ほか著書多数。

中里浩章　なかさと・ひろあき

1982年生まれ、埼玉県出身。早大本庄高-早稲田大では野球部に所属。大学卒業後はスポーツ系出版社のアルバイトを経て独立。現在は野球専門誌や書籍を中心に取材活動を続けている。著書に『高校野球 埼玉を戦う監督たち』（カンゼン）などがある。

西尾典文　にしお・のりふみ

1979年生まれ、愛知県出身。大学まで選手としてプレーしたのち、筑波大大学院で野球の動作解析について研究。在学中から野球専門誌に寄稿する。修了後もアマチュア野球を中心に年間約300試合を観戦し、全国の現場へ足を運んでいる。

甲子園の名参謀

2021年3月19日　初版第一刷発行

著　　者／大利実、菊地高弘、中里浩章、西尾典文

発 行 人／後藤明信
発 行 所／株式会社竹書房
〒102-0072
東京都千代田区飯田橋2-7-3
☎03-3264-1576（代表）
☎03-3234-6301（編集）
URL　http://www.takeshobo.co.jp

印 刷 所／共同印刷株式会社

カバー・本文デザイン／轡田昭彦＋坪井朋子
協　　力／小倉清一郎、葛原美峰、岩嶋敬一、
横山博英、三木有造、村上直心
特別協力／日大三、作新学院、海星、聖光学院、
花咲徳栄、山梨学院野球部
カバー写真／毎日新聞社
編集・構成／小川誠志

編 集 人／鈴木 誠

Printed in Japan 2021

ISBN978-4-8019-2579-3